Urte Bejick

Die Katharerinnen

HERDER / SPEKTRUM

Band 4211

Das Buch

Die Katharer gehören zu den geheimnisvollsten und faszinierendsten Ketzerbewegungen des Mittelalters. Trotz des weltweiten Interesses an diesen radikalen Anhängern eines alternativen Christentums, wissen wir nur sehr wenig über die wichtige Rolle, die Frauen innerhalb der Sekte gespielt haben. Nach der Verfolgung durch die Inquisition werden die letzten Prediger der Katharer von Bäuerinnen und Kleinstädterinnen verehrt, beherbergt, versteckt, aber auch angezweifelt und angezeigt. Aufgrund gezielter Recherchen und genauester Quellenforschung gibt Urte Bejick tiefe und spannende Einblicke in das konkrete Alltagsleben der Katharerinnen im mittelalterlichen Süd-Frankreich, die für ihr Seelenheil und ein kleines Stück Emanzipation oftmals das eigene Leben aufs Spiel setzen. Ein farbiges Bild des Lebens von Frauen im Mittelalter, das keinen Lebensbereich ausspart. Eine wichtige Weiterführung und Ergänzung zu Arno Borsts Klassiker über „Die Katharer" (Herder/Spektrum Band 4025)

Die Autorin

Urte Bejick, Dr. theol., geb. 1958 in Heidelberg, studierte evangelische Theologie und Geschichte in Heidelberg. Seit 1991 ist sie Habilitandin im Fach Kirchengeschichte. Zahlreiche Lehraufträge führten sie nach Göttingen, Tübingen und Mainz. Ihre Schwerpunkte liegen in der feministischen Theologie sowie in der Mittelalterforschung.

Urte Bejick

Die Katharerinnen

Häresieverdächtige Frauen
im mittelalterlichen Süd-Frankreich

Herder
Freiburg · Basel · Wien

Originalausgabe
Alle Rechte vorbehalten – Printed in Germany
© Verlag Herder Freiburg im Breisgau 1993
Herstellung: Freiburger Graphische Betriebe 1993
Umschlaggestaltung: Joseph Pölzelbauer
Umschlagmotiv: „Februar", Detail aus den Stundenbüchern des Duc de
Berry, 15. Jahrhundert
ISBN 3-451-04211-8

Inhalt

Vorwort   9

Teil I: Einleitung

1. Die Katharer   11
2. Katharismus und „Frauenfrage"   13
3. Fragestellungen und Quellen der Untersuchung   15

Teil II: Religiöses Leben zwischen Volksfrömmigkeit und Häresie

1. Frauenleben auf dem Land   19
   1.1. Lebensbedingungen   19
   1.2. Das religiöse Leben   26
      1.2.1. Auda Fabri – die Leidensgeschichte einer „guten Katholikin"   26
      1.2.2. Religiosität im Alltag   29

2. „Siehe, wir haben alles verlassen …": Die letzten Perfekten und ihre alten und neuen Familien   32
   2.1. Die Prediger und ihre wichtigsten Anhängerinnen   33
   2.2. Verlassene Ehefrauen   36

3. „Perfekte Frauen": Geweihte Frauen und „gute Gläubige"   41
   3.1. Jacoba, die letzte Perfekte   41
   3.2. Die Damen Chateauverdun   42
   3.3. Mißglückte Werbung: Beatrix de Ecclesia   44
   3.4. Reisen in die Lombardei   46

4. Katharische Theologie und Anthropologie   47
   4.1. „Deshalb wird nie eine Frau den Himmel betreten . . .“: Der Mythos vom Engelfall   47
   4.2. Die Abschaffung der weiblichen Symbolik: Die Kritik des Marienkultes   54

5. „Es sind gute Menschen . . .“: Die Motive der Gläubigen   56

6. „Hast du schon einmal einen guten Christen gesehen . . .“: Die Rolle der Frauen in der Mission   57
   6.1. Gespräche   57
   6.2. Zufällige Begegnungen   59
   6.3. Kranken- und Trauerbesuch   60
   6.4. Die Rolle der Familie   61

7. Die erste Begegnung   64

8. Die Rituale   66
   8.1. Das Melioramentum: Die Ehrbezeugung   66
   8.2. Das Brotbrechen   67
   8.3. Die Endura: Weihe und Fasten vor dem Tod . . .   68

9. Versteck und Versorgung   73
   9.1. Die Rolle der Ehefrau   73
   9.2. Die Überzeugte: Sibylia den Balle   75
   9.3. Die Zweiflerin: Sibylia Petri   80

10. „Pro amore Dei . . .“: Spenden   84

11. Zerrissene Netze: Zwischen Angst und Standhaftigkeit   90

Teil III: „Häresie“ im Alltag

1. „Die Ehe hat keinen Wert“: Relativierung und Rehabilitation einer Instanz   95

2. „Frauen sind Dämonen“: Biologische und soziale Elternschaft   105

3. Sexualität – Sünde, Schande oder Lust?   108

4. Gewalt gegen Frauen   114

4.1. Sexuelle und häusliche Gewalterfahrungen 114
4.2. Guillelma Clerici – Der Bericht einer geschlagenen Frau 117
4.3. Flucht aus der Ehe 119

5. Gescheiterte Fluchten: Frauen im Exil 122
5.1. Zwischen Barmherzigkeit und Mord: Guillelma Maurini 122
5.2. Ketzerkreuz und Armut: Sperta und Mathena Cervelli 132
5.3. Gefährtinnen des Perfekten: Ramunda und Blanca Martini 134

6. Fazit 147

Literatur 149

Vorwort

Emanuel Le Roy Ladurie, dessen Untersuchung über das Alltagsleben in dem häresieverdächtigen Dorf Montaillou längst zu einem Klassiker geworden ist, beginnt seine Studie mit der Feststellung, daß kaum ein Historiker, „schon jemals einem Bauern (begegne), der für sich selbst spricht". [1] Einer der bei ihm zu Wort kommenden Zeugen, bemerkt, „seine Frau verhalte sich schlecht und sei geschwätzig, daher gebe er ihr oft schlechten Lohn". [2] Die Bauersfrauen kommen noch schlechter weg. Den so zum Schweigen gebrachten – durch ihre Männer, durch die Inquisition, durch die Geschichtsschreibung – soll in diesem Buch Gehör geschenkt werden.

Ich widme dieses Buch meinen Eltern, in erster Linie meiner Mutter, die während dieser Arbeit erkrankte und nicht mehr für sich selbst sprechen kann. Ich danke für ihren freundschaftlichen Beistand Anne-Christin Brahms, Regina Ewald, Anna Kiesow, Martin Leiner, Georg Naber und Peter Schreiner. Insbesondere danke ich Herrn Professor Benad, der mich auf die Idee zu dieser Arbeit gebracht hat, Herrn Professor Ritter, der sie unterstützt hat und Frau Dr. Anne Jensen, die mir ermöglichte, meine Arbeit im Rahmen einer Übung am Institut für Ökumenische Forschung in Tübingen vorzustellen. Ganz besonderen Dank schulde ich Frau Dr. Karin Walter, die meine Arbeit als Lektorin betreute und erst möglich machte.

---

[1] Emanuel Le Roy Ladurie, Montaillou. Ein Dorf vor dem Inquisitor 1294–1314. Ffm./Berlin 1980 (frz.: Montaillou. Village occitan 1294 à 1324. Paris 1975, p. 7.
[2] Jacques Fournier, Le Régistre de l'Inquisition. Ed. Jean Duvernoy. 3 Vol. Toulouse 1965; fol. 157 b.

Teil I

Einleitung

1. Die Katharer

Als Abt Everwin von Steinfelden 1143 besorgt Bernhard von Clairvaux über „neulich bei uns in Köln entdeckte Häretiker" informierte, die sich als „Arme Christi" und „wahre Nachfolger des apostolischen Lebens" bezeichneten und in strenger Armut, Fasten und sexueller Enthaltsamkeit lebten[1], ahnte er nicht, daß aus ähnlichen Gruppierungen in Westeuropa bald eine eigene Bewegung erwachsen sollte, die in Ablehnung und Konkurrenz zur katholischen Kirche eine eigene Hierarchie etablierte. Bereits Ende des 11. Jahrhunderts war es in Reaktion auf die Gregorianische Reform zu einer Wiederbelebung des Eremiten- und Wanderpredigertums in Europa gekommen. Als *pauperes Christi* zogen Prediger wie Robert von Arbrissel, Bernhard von Thiron und Norbert von Xanten durch Frankreich. Ihnen folgte eine Schar von Frauen und Männern. Auf kirchlichen Druck hin wurde diese Menge in Klostergründungen aufgefangen. Gleichzeitig blühten der Armut verpflichtete Orden wie die Zisterzienser und Kartäuser auf. Den noch integrierbaren Predigern folgten radikalere: Heinrich von Le Mans, Peter von Bruis, Tanchelm von Antwerpen griffen nicht nur den Klerus an, sie verwarfen auch kirchliche Zeremonien und Sakramente.[2] Anfang des 12. Jahrhunderts kamen in Nord- und

---

[1] MPL 182, Sp. 677–681.
[2] Zu diesen Bewegungen vgl. Johannes von Walter, Die ersten Wanderprediger Frankreichs. Studien zur Geschichte des Mönchtums. NF. Leipzig 1906; Herbert Grundmann, Religiöse Bewegungen im Mittelalter. Darmstadt 1970 (3); Ernst Werner / Martin Erbstößer, Ketzer und Heilige: das religiöse Leben im Hochmittelalter. Graz/Köln 1986.
Kaspar Elm, Die Stellung der Frau in Ordenswesen, Semireligiosentum und

Südfrankreich, Norditalien und dem Rheinland Armutsbewegungen auf, deren Gedanken durch eine eigentümliche Mythologie ergänzt wurden: Es gebe zwei Gottheiten, einen guten Vater, der eine rein geistige Welt geschaffen habe, und einen schlechten Demiurgen, auf den die Materie zurückgehe. Die Seelen der Menschen seien in die Körper gesperrte Engel, die durch strenge Askese nach dem Beispiel des Engelwesens Christus und seiner Nachfolger erlöst werden könnten. Diese Gedanken wurden von Kaufleuten und zurückkehrenden Kreuzrittern aus Byzanz mitgebracht. Dort hatte – mit der Eingliederung Bulgariens ins byzantinische Reich – eine auf den bulgarischen Dorfpriester Bogomil zurückgehende, soziale und kirchenkritische Bewegung des 10. Jahrhunderts Fuß gefaßt. Die aus dem Osten stammende strenge Askese und die genannte Metaphysik vereinten sich im Westen mit den Bestrebungen eines apostelgleichen Lebens. Männer wie Frauen schlossen sich den „guten Christen" oder „guten Menschen" an, die von ihren Gegnern als „Katharer" oder nach einem ihrer Bistümer „Albigenser" genannt wurden, und ließen sich zu „Perfekten" weihen. Diese waren zur strengen Askese verpflichtet, während die weit größere Masse der Sympathisanten, der „Gläubigen" nicht daran gebunden war. 1167 konnten die Katharer in St.-Felix-de-Caraman in Südfrankreich eine eigene Synode abhalten und in Frankreich und Norditalien eigene Bistümer gründen. Schulbildungen und Spaltungen blieben der neuen Kirche nicht erspart. Diese stützte sich in Südfrankreich in erster Linie auf den Kleinadel, der seine Unabhängigkeit gegenüber dem Papst und der französischen Krone wahren wollte, in Norditalien auf die zwischen Papst und Kaiser lavierenden größeren Städte. Ein Kreuzzug 1209–1229 gegen die Albigenser, den Frankreich zur Annektierung der noch unabhängigen Grafschaften des Südens nutzte, sowie die 1232 den Dominikanern übertragene Inquisition machten der kirchlichen Organisation der Katharer ein Ende. Nach dem Fall der letzten Zufluchtsburg Montségur 1244

Häresie zur Zeit der heiligen Elisabeth. In: Sankt Elisabeth. Fürstin, Dienerin, Heilige. Aufsätze, Dokumentation, Katalog. Ed. Philipps-Universität Marburg in Verbindung mit dem Hessischen Landesamt für geschichtliche Landeskunde. Sigmaringen 1981, pp. 7–28.

lebte die Bewegung nur noch im „Untergrund" fort. Nach einer kurzen Wiederbelebung um 1300 in Südwestfrankreich fiel sie endgültig der Inquisition zum Opfer. Die italienischen Gemeinden überlebten etwas länger.[3]

2. Katharismus und „Frauenfrage"

Der beunruhigte Everwin hatte in dem erwähnten Brief auch hervorgehoben, daß die „Häretiker" „unter sich Frauen hatten, die, wie sie sagen, enthaltsam seien, Witwen, Jungfrauen, ihre Gattinnen, ein paar unter den Erwählten, ein paar unter den Gläubigen."[4] Wie bereits die Wanderprediger des 11. und 12. Jahrhunderts zogen auch die Katharer Frauen an. Enthaltsamen, geweihten Frauen wurde die gleiche Erlösungsfähigkeit zugeschrieben wie männlichen Perfekten, auch wenn in den Verwaltungsämtern der katharischen Hierarchie keine Frauen vorkamen. Andererseits ist die katharische Enthaltsamkeitsforderung von einer extremen Furcht und Vermeidung von Sexualität geprägt, die sich im weiblichen Körper als ihrem Symbol manifestiert. Eine Frau hat – einigen Traditionen zufolge – die Engel im Himmel zum Sturz in die Materie verführt, Frauen dürfen nicht berührt werden, Schwangere tragen das Gefängnis einer Seele im Leib.

Was machte den Katharismus dennoch für Frauen so anziehend? Gottfried Koch hat als einer der ersten der „Frauenfrage" im Katharismus eine eigene Abhandlung gewidmet.[5] Auf der Basis marxistischer Historiographie untersucht er die Rolle der adeligen Perfekten, die – analog zur Frömmigkeit katholischer Adelsfami-

---

[3] Grundlegende Literatur:
Arno Borst, Die Katharer. Freiburg 1990 (Neuaufl. von 1953);
Daniela Müller, Albigenser – Die wahre Kirche? Diss. theol. Würzburg 1986; dies., Art. „Katharer". TRE 18, pp. 21–50; Gerhard Rottenwöhrer, Der Katharismus. 4 Bde. Bad Honnef 1982; Jean Duvernoy, La Réligion des Cathares. Le Catharisme. Paris 1988.
[4] MPL, 182, Sp. 679 f.
[5] Gottfried Koch, Frauenfrage und Ketzertum im Mittelalter. Berlin/O 1962. Vgl. auch Ernst Werner. Die Stellung der Katharer zur Frau. StMed 2, 1961, pp. 295–301.

lien – in katharischen Konventen unterkamen, sowie die Lage der Textilhandwerkerinnen in den größeren Städten, deren wirtschaftliche Unterdrückung sie im Katharismus ein Ventil für ihre Unzufriedenheit finden ließ. War der Katharismus eine „Frauenbewegung des Mittelalters"? Ute Weinmann rechnet ihn aus feministischer Perspektive zu diesen und sieht seine Attraktion gerade auch in der strengen Askese. „Ihnen geht es um die Überwindung der Koppelung von Zeugung und gesellschaftlicher Destruktion. Und nur in dieser Interdependenz bedeuten Schwangerschaft und Zeugung für die Katharer die Verlängerung und Reproduktion derjenigen Verhältnisse, in denen insbesondere Frauen durch eine hierarchisch strukturierte Ehe und eine auf Zeugung reduzierte Sexualität verfügt wird."[6] Über die an keine Askese gebundenen, Ehe und außereheliche Verhältnisse als gleich sündig ansehenden und daher gleichrangig praktizierenden Gläubigen schwärmt sie: „Sexuelles Agieren, das sich dem Gesetz der Fortpflanzung entzieht und statt dessen Lust realisiert, steht nicht im Widerspruch zu ihrer Theorie von der destruktiven Welt: sie ergänzen ihre Fortpflanzungsunlust durch sexuelle Lust."[7] Skeptischer beurteilt Eleanor McLaughlin die katharische Askese: „Wir müssen uns hier an die Realität des Mittelalters halten und doch wohl die Frage stellen, ob sexuelle Ungebundenheit in einer Zeit vor der Bereitstellung wirksamer empfängnisverhütender Mittel tatsächlich jemals eine für Mann und Frau gleiche Situation entstehen ließ… Sexuelle Gleichstellung oder gar Selbstbestimmung der Frau haben allem Anschein nach gar nicht zur Debatte gestanden."[8] Wird hier die Lehre der Katharer hinterfragt, so untersuchen Abels/Harrison die historische, bzw. die statistische Realität. In einem Aufsatz werten sie Prozeßakten von 1245/46 aus, die sich mit männlichen und weiblichen Gläubigen des Lauragais beschäftigen. Sie gehen davon aus, daß, wenn Frauen nicht 50 Prozent oder mehr Mitglieder der Bewegung stellten, „separate theo-

---

[6] Ute Weinmann, Mittelalterliche Frauenbewegungen. Pfaffenweiler 1990, p. 114.

[7] Ibid., fol. 116.

[8] Eleanor McLaughlin, Die Frau in der mittelalterlichen Häresie. Concilium 12 (1976), pp. 34–44, p. 38.

ries to account for Cathar *Frauenfrage* may in fact be unnecessary."[9] Die Untersuchung, die (trotz einiger Einschränkungen) von den gleichen Bedingungen für Männer und Frauen ausgeht, kommt entsprechend zu negativen Ergebnissen, ohne aber klären zu können, was Frauen nun am Katharismus anzog oder abstieß.[10]

Um Motive und Lebensgestaltung der mit dem Katharismus sympathisierenden Frauen zu gewinnen, sollen in diesem Buch konkrete Einzelfälle untersucht werden.

3. Fragestellungen und Quellen der Untersuchung

Für einen geschlossenen geographischen Raum und eine übersichtliche Zeitspanne empfehlen sich hierfür Prozeßakten, die die häresieverdächtigen Bestrebungen der Jahre von ungefähr 1295 bis 1324 in der Grafschaft Foix am Fuße der Pyrenäen dokumentieren. Dieses Herrschaftsgebiet geriet 1272/77 unter französische Lehnshoheit, bewahrte sich jedoch unter Graf Roger Bernard III. (1265–1302) eine gewisse Unabhängigkeit.

Aus dem Grafenhaus von Foix stammt auch jene Eleanore, deren Tadel durch einen katholischen Gegner auf der Disputation von Pamiers 1207 – „Geht, Herrin, webt an eurem Spinnrocken, es geziemt sich nicht für euch, in dieser Versammlung zu sprechen" – sie zu einer Idealfigur der Katharerin hat werden lassen.[11]

Nach einer kurzen Wiederbelebung katharischer Ideen um 1300 griffen 1306–1308 die Inquisition von Carcassonne und 1318–1324 die bischöfliche Inquisition von Pamiers hart gegen

---

[9] Richard Abels / Ellen Harrison, The Participation of Women in Languedocian Catharism. MS 41 (1979), pp. 215–251. p. 219.
[10] Vgl. auch: Peter Segl, Die religiöse Frauenbewegung in Südfrankreich im 12. und 13. Jahrhundert zwischen Häresie und Orthodoxie. In: Religiöse Frauenbewegung und mystische Frömmigkeit im Mittelalter. Ed. Peter Dinzelbacher / Dieter R. Bauer. Wien 1988, pp. 99–116. Studies XII (1986), pp. 51–71. Peter Dinzelbacher, Rollenverweigerung, religiöser Aufbruch und mystisches Erleben mittelalterlicher Frauen, in: Ibid., pp. 1–58.
[11] Wilhelm von Puylaurens, Chronica, Kap. 8; übers. nach: Ketzer und Ketzerbekämpfung im Hochmittelalter. Ed. James Fearns. Göttingen 1968, p. 65.

die letzten Perfekten, ihre Sympathisanten und gegen häresieverdächtiges Gedankengut durch. Zwei Aktensammlungen liegen der Untersuchung zugrunde:

1.) Protokolle der Inquisition von Carcassonne unter Geoffroy d'Ablis aus den Jahren 1308–1309 (MS Lat. 4269, Bibliothèque Nationale), aus der Zeit einer ersten Verhaftungswelle[12];

2.) das Register des Jacques Fournier, Bischof von Pamiers mit Verhören aus der Zeit von 1318–1325 (MS n°Vat. Latin 4030)[13].

Inquisitionsprotokolle als Quellen weisen einige gattungsbedingte Spezifika auf, die bei der Auswertung zu beachten sind:

1. Die Akten Fourniers, die das Hauptmaterial unserer Untersuchung darstellen, basieren auf lateinischen oder volkssprachlichen Notizen, die ein Schreiber während des Verhörs aufzeichnete. Aus ihnen wurde ein zusammenhängendes, lateinisches Protokoll verfertigt, das den Zeugen und Zeuginnen in ihre Muttersprache rückübersetzt wurde. Uns liegt die Schönschrift dieser vielleicht noch korrigierten Endfassung vor. Der Text der Befragung ist in indirekter Rede überliefert: „Die Zeugin sagte, daß ..." Mögen die Texte noch so lebendig erscheinen, es handelt sich doch um gefilterte Aussagen, wiedergegeben durch die Brille der Inquisitoren, d. h. von Männern. Deren Fragen können in den Text miteingehen, ebenso ihre Wertungen, wenn beispielsweise die Perfekten konsequent als „Häretiker" bezeichnet werden, während die Sprechenden sie als „gute Christen" charakterisieren.

2. „Häresien" werden oft durch inquisitorische Fragen konstruiert.[14] Ein harmloser Scherz über den Klerus, ein einfaches Bauernsprichwort können oft als Baustein eines ganzen häretischen Denksystems gedeutet werden. Nicht bei allen Verhörten

---

[12] L'Inquisiteur Geoffroy d'Ablis et les cathares du comté de Foix (1308–1309). Ed. Annette Pales-Gobillard. Paris 1984. Stellenangaben im Text, die sich auf diese Ausgabe beziehen, sind mit einem vorgestellten A gekennzeichnet.

[13] Vgl. Anm. 2; zit. als Fournier;
Stellenangaben im Text ohne weitere Bemerkung stammen aus dieser Ausgabe.

[14] Grundsätzlich: Herbert Grundmann, Ketzerverhöre des Spätmittelalters als quellenkritisches Problem. In: Ausgewählte Aufsätze 1. Religiöse Bewegungen. Stuttgart 1976, pp. 364–416.

muß es sich darum um Anhänger und Anhängerinnen der Perfekten handeln.

3. Die Protokolle halten in der Regel Tatsachen fest, die die Inquisitoren interessieren, und deren Fragen sind oft andere, als wir sie gerne stellten. [15] Es genügt ihnen zu wissen, ob der Prediger vermied, eine Gläubige zu berühren, denn dies weist ihn als leibfeindlichen Puristen aus, es interessiert dagegen nicht, warum die Frau ihn dennoch bewunderte und unterstützte oder wie sie dieses Verhalten empfand. Antworten auf unsere Fragen erhalten wir selten direkt: Wir müssen zwischen den Zeilen lesen, beziehungsweise aus den verschiedenen Handlungen der Menschen Rückschlüsse ziehen.

4. Bei den untersuchten Zeugnissen handelt es sich um Quellen aus der Zeit des späten Katharismus, in der Predigerinnen und Prediger nicht mehr frei agieren können und Frauen nicht mehr durch Konvente geschützt werden. Die Untersuchung handelt daher nicht von weiblichen Perfekten, „den" Katharerinnen der Blütezeit [16], sondern von gläubigen und sympathisierenden Frauen, gewissermaßen den „Laiinnen" der Bewegung. [17]

5. Die vorliegende Untersuchung orientiert sich methodisch an Impulsen der Mentalitäts- und Alltagsgeschichte sowie der sozialhistorischen Biographieforschung und fühlt sich der „Geschlechtergeschichte" verpflichtet, die „Geschlecht" als eine soziale, historisch veränderliche Kategorie begreift. [18] Es geht in

---

[15] Zu den Fragen an Gläubige vgl.: Bernard Gui, Manuel de L'Inquisiteur. Ed. G. Mollat. Tome I. Paris 1926, pp. 16–33.

[16] Zu den Perfekten vgl.:
Anne Brenon, Les femmes cathares. Paris 1992; M. C. Barber, Women and Catharism. Reading Medieval Studies 3 (1977). pp. 45–62.

[17] Zur Rolle „einfacher" Frauen allg. vgl. Peter Blixer, The Common Woman in the Western Church in the Thirteenth and Early Fourteenth Centuries.
In: W. J. Steils / Diana Wood, ed., Women in the Church. Papers Read at the 1989 Summer Meeting and the 1990 Winter Meeting of the Ecclesiastical History Society. Oxford 1990, pp. 127–157.

[18] Vgl. Gisela Bock, Geschichte, Frauengeschichte, Geschlechtergeschichte. In: Geschichte und Gesellschaft 14 (1988); Natalie Zemon Davies, Gesellschaft und Geschlechter. Vorschläge für eine neue Frauengeschichte. In: Dies., Frauen und Gesellschaft am Beginn der Neuzeit, pp. 117–132; Marianne Friese, Art. „Frauengeschichte/Geschlechtergeschichte" in: Europäische Enzy-

dieser Untersuchung also nicht um eine spezifisch „weibliche Religiosität", sondern um die konkrete Lebensbewältigung von Frauen im Bezugsrahmen der Religion.

6. Nach diesen Vorüberlegungen sollen nun endlich Frauen und Männer selbst zu Wort kommen. Der oft umständliche Wortlaut des Protokollanten ist dabei in der Übersetzung beibehalten, lediglich die sehr häufig benutzten Adjektive „der/die besagte ..." (dictus; dicta) sind aus Gründen der Lesbarkeit ausgelassen worden. Die Personennamen sind in der lateinischen Form wiedergegeben, Ortsnamen dagegen in der französischen.

klopädie zu Philosophie und Wissenschaften. Ed. Hans Jörg Sandkühler. Bd. 2. Hamburg 1990, pp. 147–152.

Teil II

Religiöses Leben zwischen „Häresie" und Volksfrömmigkeit

1. Frauenleben auf dem Land

1.1. Lebensbedingungen

Geographischer Raum unserer Untersuchung ist die Grafschaft Foix, insbesondere ihr an die Pyrenäen grenzendes Hochland. Seine wichtigsten Landschaften sind das Sabartès, das Alion und das Sault, das Sabartès ist von den Flußläufen der Ariège und des Vicdessos durchzogen. Das Ariège-Tal liegt nördlich von Andorra, es erstreckt sich von der Bäderstadt Ax zum Marktflecken Tarascon im Nordwesten. Im Hochland von Alion liegen als wichtigste Dörfer Prades und Montaillou. Scharf getrennt vom Hochland, das den Perfekten Zuflucht bietet, liegt – auch im Bewußtsein der Bevölkerung – das „Tiefland" mit dem Zentrum Pamiers, wo die Inquisition beheimatet ist und der französische König in dem Dorf Les Allemans seit 1308 ein Lehnsgebiet besitzt. Hier findet sich auch der Kerker der Inquisition, den viele Bewohner und Bewohnerinnen des Berglandes kennenlernen werden – für einige Wochen oder lebenslänglich. [19]

Über die Lebensbedingungen auf dem Land sind wir recht gut unterrichtet. [20] Männer und Frauen lebten in mit Lehm zusam-

---

[19] Matthias Benad, Domus und Religion in Montaillou: Katholische Kirche und Katharismus im Überlebenskampf der Familie des Pfarrers Petrus Clerici am Anfang des 14. Jahrhunderts. Tübingen 1990, pp. 42–51.

[20] Ladurie, op. cit., pp. 55–83; ders., La Domus à Montaillou et en Haute-Ariège. Préface zu Duvernoy, pp. VII–XXX; Benad, Domus, pp. 245–249.
Jean Verdon, La vie quotidienne de la femme en France au bas moyen âge. In: Frau und spätmittelalterlicher Alltag. Internationaler Kongreß Krems an der Donau 2.–8. Oktober 1984. Wien 1986, pp. 325–386.

mengehaltenen Häusern, deren Mittelpunkt die ummauerte Küche mit dem Herdfeuer, die *fonghana*, bildete. Hier befanden sich das Küchengeschirr, Bänke und ein Tisch, hier versammelte sich die Familie, kamen Nachbarinnen und Nachbarn zu Besuch, predigten die Perfekten. Die Überwachung des Herdfeuers war Aufgabe der Frau. Das Feuer bildete eine Gefahrenquelle für Kinder, die beaufsichtigt werden mußten. „Sie könne nicht kommen, weil sie kleine Kinder am Feuer habe", lehnt eine Frau die Einladung zum Rübenholen ab.[21] Ein Zeuge hat Trauriges zu berichten: „Das Feuer hatte einen Sohn der Alazais Mureria aus Ornolac verbrannt, und das Feuer war von dem Kind der Alazais gelegt worden, und durch ein anderes, das auch verbrannte, im Haus des Bernardus Murerii aus Ornolac."[22] Um die Küche gruppierten sich einzelne Kammern, die oft nur durch ein Loch Licht erhielten. Vermögendere Familien stockten ihr Haus durch einen *solier* auf. Die wenigsten Familienmitglieder besaßen ein Bett für sich allein, Frauen nahmen oft ihre Kinder zu sich (33 c; 201 d). Kinder waren bei dieser Enge der besonderen Gefahr ausgeliefert, im Schlaf totgedrückt zu werden (33 c).[23] Bei adligen Damen schliefen die Mägde im selben Raum. Gäste teilten mit Familienmitgliedern oder anderen Besuchern ein Bett. Wer neben einem katharischen Perfekten lag, mußte einen festen Schlaf haben wie der folgende Zeuge, der berichtet: „In der Nacht zog der Häretiker sich das Hemd aus, legte aber die Unterhosen nicht ab, und, wie er mir am Morgen sagte, daß der Häretiker sechsmal in der Nacht aufstand ‚um zu beten', hatte er ihn doch nur ein einzigesmal gesehen."[24] Die flachen Dächer der Häuser wurden zur Lagerung oder, wie die Bank vor dem Haus, zum Sonnen genutzt. Dieser Beschäftigung scheinen die Einwohner und Einwohnerinnen des Sabartès besonders gerne nachgekommen zu sein, ebenso die Perfekten, die aufgrund ihres Fastens oft froren. Beim Sonnen ließen

---

[21] Fournier, fol. 67 d.
[22] Ibid., fol. 67 d.
[23] Daß solch traurige Unfälle öfter vorkamen belegen auch ältere Bußordnungen: F. W. H. Wasserschleben, Die Bußordnungen der abendländischen Kirche. Graz o. J. (Repr. von 1851), p. 662.
[24] Fournier, fol., fol. 122 c.

sich Klatsch und religiöse Spekulationen austauschen. „Zu der Zeit standen Guillelma Beloti und na Roqua in der Sonne im Hof der Guillelma Beloti und die Zeugin ‚die Magd Ramunda Testaniera' stand vor den Frauen, aber ein bißchen entfernt von ihnen und setzte sich an einen Ort, der Las Penas hieß, und mit Ramunda, der Tochter Guillelmas …, schlachtete sie eine schöne Henne, und na Roqua sagte zu Guillelma: ‚Patin, das ist eine große Sünde, daß sie das Huhn schlachtet, … weil, wie man sagt, in ihrem ‚katharischen' Gesetz die menschlichen Geister, wenn sie die Körper der Männer und Frauen verließen, sich in Hühner begäben oder eingingen."[25] Von der Bank vor dem Haus aus ließ sich das Treiben im Dorf beobachten oder ein Gespräch einleiten: „Nichte, wollt ihr euch nicht ein bißchen zu uns setzen", rufen zwei Frauen Ramunda Martini zu, „und sie blieb auf einen Sprung stehen, und Guillelma fragte die Zeugin, ob einige von den guten Menschen im Vaterhaus der Zeugin seien. Und die Zeugin antwortete, das wisse sie nicht, weil sie bereits acht Tage nicht im Vaterhaus war, da sie mit eigenen Angelegenheiten beschäftigt war."[26] Hier handelte es sich nicht einfach um „Klatsch": Durch das öffentliche Reden wurde soziale Kontrolle ausgeübt, das Beobachten und Reden stellt eine Form von „Öffentlichkeit" von Frauen dar.[27] Männer vor dem Haus ließen sich es sich manchmal nicht nehmen, Frauen zu belästigen: „Wenn Frauen auf dem Weg liefen, zog sie der Pfarrer mit der fleischlichen Sünde auf, und sagte, es sei keine Sünde, sie fleischlich zu erkennen", berichtet eine Zeugin über das merkwürdige Verhalten des Seelenhirten von Montaillou.[28]

Doch das Leben der Frauen bestand nicht nur aus Sonnenbaden, sondern aus harter Arbeit, meist auf dem Anwesen ihres Mannes oder der Eltern: auf dem Feld, im Garten, beim Kräutersammeln. Sie trafen sich beim Waschen, Wasserholen oder Korn-

---

[25] Ibid., fol. 94 d.
[26] Ibid., fol. 246 b.
[27] Vgl. Regina Schulte, Bevor das Gerede zum Tratsch wird. In: Karin Hausen / Heide Wunder, Frauengeschichte, Geschlechtergeschichte. Frankfurt/New York 1992, pp. 67–73.
[28] Ibid., fol. 163 b.

mahlen. [29] Im Haus machten sie die Betten, beschäftigten sich mit Textilarbeiten (122 b; 60 a; 65 d; 262 d; 297 a) und kochten, meist Kraut mit Fleisch oder Kutteln in Öl (62 cd; 67 b; 122 b; 171 c; 263 c). Das Großvieh versorgten die Männer; insbesondere der Hirtenberuf, Auskommen vieler junger Männer, die kein Land erbten, war ein rein männlicher. In reicheren Höfen besaßen die Tiere eigene Ställe, in ärmeren wurden sie im Haus gehalten. Bernardus Clerici wird im Gespräch mit seiner zukünftigen Frau gestört, als plötzlich ein im Haus versteckter Perfekter ihm zuruft: „He, wir glauben, diese Schweine richten in jenen Gärten Schäden an." [30] Da die Perfekten nicht lügen dürfen, benutzt der Rufer hier die Möglichkeitsform. Frauen mästen Schweine (59 a) und züchten manchmal Hühner, um etwas hinzuzuverdienen (68 a). Im ganzen ist das Leben der Frauen durch eine geringere Mobilität gegenüber dem der Männer gekennzeichnet. Witwen oder alleinstehende Frauen mußten sich selber ernähren. Die soziale Lage der Witwen zeigt viele Nuancen: Die Spanne reicht von den Wohlhabenden, die einen Weinberg und eigene Schafe besitzen und einen Maultierverleih betreiben (120 a; 154 c), über Frauen, die bei ihren Söhnen unterkommen (58 c), bis zu den Armen, die ihre Kinder durch Ausleihen von Nachbarinnen und kleine Diebstähle ernähren (77 a–79 d). Andere Frauen unterhalten einen Weinvertrieb (27 a; 63 a) und ziehen als Käsehändlerinnen über die Dörfer (59 c). Reichere Damen besitzen eigene Schafherden, für die sie Hirten anmieten (262 c). Alleinstehende Frauen arbeiten auch als Erntehelferinnen, Hausmädchen oder als Mägde. Eine von ihnen, Ramunda den Arsen, berichtet: „Nach dem Morgen des Johannesfestes habe sie ihre Tochter Alazais, die sie bei St. Victor aufziehen ließ, genommen und sei ins Sabartès hinaufgegangen und habe die Tochter in der Stadt Aston gelassen, wo sie Alazais den Pradas aufziehen sollte. Und sie sei nach Prades de Alion hinaufgegangen, und von dort sei sie zur Ernte beim Tal von Arques gegangen, und nachdem die Ernte dort beendet war, sei sie nach

---

[29] Ibid., fol. 23 b; 64 d; 65 d; 66 d; 67 c; 83 c; 102 a; 162 d; 163 a; 190 a; 238 a; 255 b.
[30] Ibid., fol. 173 c; 174 b.

Prades im Alion zurückgekehrt. ... Und nach der Ernte in der Stadt Prades sei sie nach Montaillou gegangen und im Haus des Ramundus Beloti und seiner Brüder geblieben, um deren Angelegenheiten zu besorgen."[31] Mägde wußten oft sehr genau Bescheid, was in den Häusern ihrer Dienstherren vor sich ging, auch über „häretische" Umtriebe. Trotz der dadurch gewonnenen Macht, war ihr Leben meist nicht sehr rosig. Ramunda Testaniera hat zwei Kinder mit ihrem Dienstherren und hofft, ihn durch fleißiges Arbeiten zur Heirat bewegen zu können. Doch der hält sich lieber an eine reiche Bauerntochter, und Ramunda wird von einem im Haus arbeitenden Schuster beinahe vergewaltigt (93 d–97 d). Selbständiger arbeiteten die Frauen, die ein eigenes Wirtshaus unterhielten. Sparsam mußten sie dabei allerdings sein. „Als im Wirtshaus in einem anderen Topf zusammen von dem Fisch gekocht wurde, und sie einen Teil ihres Eintopfes in dem neuen Topf kochen wollten, sagte ihnen die Herbergsmutter, sie sollten nicht solche Ausgaben machen, sondern den ganzen Fisch auf einmal kochen", berichtet ein Zeuge über ein kulinarisches Unternehmen.[32]

Grundstock der bäuerlichen Welt war das Anwesen, die *domus*, in die Frauen in der Regel einheirateten. Sie brachten eine Mitgift in die Ehe mit, die ihr persönlicher Besitz blieb. Diese reichte von ein paar Leintüchern bis zu größerem Besitz. Von Bernarda den Rivo, deren Mann verhaftet wurde und der der Verlust aller Güter drohte, wird folgende List berichtet: „Bernarda arrangierte sogar einen fingierten Verkauf ihres Hochzeitsgutes und ihrer anderen Güter an Bernardus Iocglar aus Ax, ihren Schwiegersohn, und als ihr Gatte nach seiner Verhaftung nach Ax zurückkehrte, erhielt Bernarda von ihrem Schwiegersohn Bernardus alle Güter zurück, die ihr gehörten, d. h. ein Haus und zwei Gärten ..."[33] Die Frauen heirateten jung, mit sechzehn oder achtzehn Jahren, und hatten durchschnittlich vier oder fünf Kinder.[34] Un-

[31] Ibid., fol. 74 b.
[32] Ibid., fol. 255 d.
[33] Ibid., fol. 186 d.
[34] Ladurie, op. cit., pp. 226 f.

eheliche Kinder wurden im Haus mitaufgezogen (85 a), Waisen manchmal aus Barmherzigkeit aufgenommen (23 c). *Dominus domus* war der Mann, der sein Erbe nach eigenem Gutdünken verteilen konnte. Ältere und schwächere Väter wurden oft von nicht weniger tyrannischen Söhnen abgelöst. Manche Frauen besaßen ein eigenes Haus, und ihre Kinder trugen ihren Namen. Sie oder angesehenere Frauen trugen den Titel *domina* oder *na*. Trotz der starken Bastion der Ehe war „unehrenhaftes" Zusammenleben üblich (53 a; 84 a c; 85 a; 244 d; 249 c; 291 c u. ö.), auch Priester hatten daran teil (45 a–47 b u. ö.). „Desgleichen werde in der Stadt Ax allgemein erzählt, daß der Pfarrer ‚aus Montaillou' die Bäder besuchte und nachher in der Herberge von Ax übernachtete. Und viele Frauen kamen in Nachtgewändern zu ihm, unter ihnen na Maragda, Jacoba den Tort und Alissendis Pradona, und, wie der Zeuge glaube, gab es in Ax keine Frau oder nur wenige, die der Pfarrer nicht haben konnte …", läßt ein Zeuge seiner Phantasie freien Lauf. [35] Beziehungen erhielten Frauen auch zu ihrem Elternhaus aufrecht, erweiterten den Kreis von Ehe und Verwandtschaft aber durch Patenschaften oder durch Freundschaften, oft *familiaritas*, „vertrauter Umgang" (86 b; 97 b u. ö.) genannt, der durch gemeinsame Sympathie für die Katharer noch verstärkt wurde. Die adlige Ramunda de Luzenac ist z. B. mit der Käsehändlerin Alazais Ademarii befreundet: „Sie sagte auch, daß wenn Alazais zu Ramunda kam, Ramunda sie empfing, umarmte und küßte, und oft sprach sie heimlich mit ihr." [36]

Nachrichten und Neuigkeiten kamen durch Kaufleute, Händlerinnen oder Nachbarn, die von fernen Geschäften zurückkehrten, in die dörfliche Welt gebracht und manchmal sehnsüchtig erwartet wurden (25 a). Nachrichten werden im Wirtshaus oder an bestimmten Treffpunkten, auf der Straße und im Haus ausgetauscht. „Das war ein allgemeines Gerücht", „so wurde gesagt", teilen Zeuginnen und Zeugen die Quellen ihrer Erkenntnisse

---

[35] Fournier, fol. 51 c. Weitere Aussagen über den Pfarrer von Montaillou bestätigen allerdings dieses Bild. Zu Topos und Realität von Pfarrern als Liebhabern: Claudia Opitz, Frauenalltag im Mittelalter. Biographien des 13. und 14. Jahrhunderts. Weinheim 1991 (3), pp. 184–187.
[36] Fournier, fol., fol. 56 c.

mit.[37] Sprichwörter werden gern als Lebensregel weitergegeben, etwa: „Wer einen schlechten Nachbarn hat, hat eine schlechte Hand",[38] oder „Wer seine Frau mit einem Kissen verprügelt, denkt, er tue ihr Schlechtes, tut ihr aber nichts."[39]

Wichtig ist auch, daß Handlungen und Gespräche eine gewisse „Öffentlichkeit" besitzen. Wer „heimlich" mit jemandem redet, gilt als mit ihm oder ihr befreundet (56 c), wo Männer und Frauen dies tun, kommt leicht Verdacht auf (235 b): Matheldis Bayard, Notarstochter aus Tarascon, wird oft von einem Verwandten, Philippus de Larnat, in lange Gespräche über die katharische Religion verwickelt, „und auch heimlich und in solchem Maße, daß manche behaupteten und den Verdacht hegten, daß Philippus und Matheldis unehrenhaft miteinander umgingen", empört sich ein Zeuge.[40] Ansehen und Ehre gilt besonders bei Frauen als wichtig. Die adlige Beatrix de Ecclesia fürchtet, von ihrem Geliebten schwanger zu werden, „solange Philippus de Planissol, der Vater der Zeugin lebe, weil ihr Vater davor großen Abscheu habe."[41] Mit einem weiteren Liebhaber will sie in eine andere Gegend ziehen, da sie Angst hat, „ihre Brüder würden sie verstoßen."[42] Wie bei der Arbeit, zeichnet sich das Frauenleben auch hier durch geringere Beweglichkeit aus: Reisen müssen stets mit Erlaubnis des Mannes und mit „ehrbarer" Begleitung gemacht werden (38 a; 66 ab).

Frauen wird oft ihre Streitsucht vorgeworfen, d. h. Frauen, die sich verbal zu verteidigen wissen, gelten als *rixosa* (256 b; 264 a). Ein Perfekter belehrt einen jungen Ehemann: „Ein Mann sei nichts wert, wenn er nicht Herr seiner Frau sei."[43] Männer dagegen sollten *bonus et servicialis* sein. (134 c). „Geschwätzigkeit" ist neben der „Streitsucht" ein weiteres traditionelles Charakteristikum für Frauen, aber auch Männern wird sie schlecht angerech-

---

[37] Ibid., fol. 26 c; 63 ac; 86 b; 92 b; 235 d; 237 c.
[38] Ibid., fol. 204 a.
[39] Ibid., fol. 167 b.
[40] Ibid., fol. 235 ab.
[41] Ibid., fol. 43 b.
[42] Ibid., fol. 45 b.
[43] Ibid., fol. 263 c.

net. Mehrere Nachbarn der Stadt Tarascon schließen sich zusammen, um ihrem Nachbarn Guillelmus Tron eine Anzeige anzuhängen, „weil er ein übler Herumhurer und sehr geschwätzig war."[44] Redseligkeit wird besonders angesichts der Bedrohung durch der Inquisition zur Gefahr.

Verhalten wird nicht nur durch Tradition und Bräuche geregelt, Sinnstiftung erfolgt nicht allein durch Überlieferung, der Alltag ist ebenso von Religiosität und Frömmigkeit durchdrungen, der wir uns jetzt zuwenden wollen.

1.2. Das religiöse Leben

1.2.1. Auda Fabri – die Leidensgeschichte einer „guten Katholikin"

In unserem Zusammenhang interessiert nicht nur das materielle Leben von Frauen, sondern auch dessen religiöse Bewältigung im weiblichen Selbstverständnis. Beredter als eine Darlegung zur Volksfrömmigkeit und zum Frauenbild der katholischen Kirche ist die Geschichte der Auda Fabri, einer der ersten Angeklagten der Verhöre von 1318–1324, die hier als Beispiel dienen möge.

Auda Fabri aus Merviel wird 1318 *publice diffamata* mehrfach in Pamiers verhört. Nach Aussage vieler Zeugen und Zeuginnen stammt sie aus untadeliger Familie und hat niemals „Häretiker" oder „verdächtige Personen" gesehen oder gehört (134 a). Ihr Mann Guillelmus stellt ihr das Zeugnis aus, „sie sei eine gute Christin und Katholikin ... unter anderen Merkmalen sei sie sehr barmherzig gewesen, ..., nicht viel oder wenig sei in seinem Haus verblieben, alles sei in Wohltaten für Gott gegeben worden."[45] „Ihr habt nichts als Gutes getan, ihr habt alle Armen dieses Tals unterstützt", preisen sie die Nachbarinnen.[46] Doch Auda hat ein Geheimnis, das sie schon lange plagt. Bereits bei ihrer Hochzeit 1310 ist ihrem Mann aufgefallen, daß die damals Siebzehn- oder

---

[44] Ibid., fol. 302 a.
[45] Ibid., fol. 133 d.
[46] Ibid., fol. 137 a.

Achtzehnjährige noch nie bei der Kommunion war. Auf sein Bitten hin nimmt sie hinfort an dieser teil[47], geplagt von fürchterlichen Ängsten (133 b). Diese brechen nach der Geburt ihres Kindes und in einer anschließenden Krankheit aus. Ihr Mann hat für das Kind eine Amme geholt, die ebenfalls erkrankt und sich das Sakrament spenden läßt. Auda hält es darauf im Krankenzimmer nicht mehr aus. Vor den Augen zu Besuch gekommener Nachbarinnen lärmt und tobt sie. „Sie habe angefangen, sich heftig zu bewegen, zu schreien und sich die Kleider herunterzureißen", berichtet eine Zeugin. „O, was soll ich machen? Ich habe den Verstand verloren und rase und kann weder Gott noch die Jungfrau Maria bitten", ruft sie um Hilfe. [48] Ihrem Mann und ihrer Tante bekennt sie schließlich ihre Sünde, die sie bisher noch nie gebeichtet hat: „Heilige Maria, Herr, wie kann das bloß sein? Wenn ich nämlich in der Kirche bin und der Leib Christi erhoben wird, kann ich ihn weder anbeten noch empfangen, und wenn ich wünsche, ihn zu empfangen, wird mir schwindlig vor Augen." [49] Ihr Mann reagiert entsetzt darauf, daß Auda dies noch nie gebeichtet habe: „Euch wird es schlecht ergehen, ihr seid verloren ... und ich verlasse euch, wenn es so ist, wie ihr sagt. Beichtet auf der Stelle!" [50] Freundlicher antwortet die Tante, obwohl sie Audas Ansichten schockieren. Die Nachbarinnen beten für sie (137 d). Vor der Inquisition bekennt Auda schließlich den Grund ihrer Zweifel an der Realität von Fleisch und Blut im Sakrament. Kurz vor ihrem Schwindelanfall in der Kirche „habe sie von einigen Frauen gehört, ... daß in der Nacht zuvor eine Frau auf dem Weg in der Festung Merviel eine Tochter bekommen habe, so daß sie das Haus nicht erreichen konnte. Als sie das hörte, hätte sie an die Schändlichkeit, die die Frauen beim Gebären ausstießen, denken

---

[47] Zur Verpflichtung zur Beichte und Kommunion vgl.: Heinrich Denzinger, Enchiridion symbolorum definitionum et declarationum de rebus fidei et morum. Kompendium der Glaubensbekenntnisse und kirchlichen Lehrentscheidungen. Bearbeitet von Peter Hünermann. Freiburg/Basel/Rom/Wien 1991 (37), Nr. 802, p. 358; Nr. 812; 364; Peter Browe, Die Pflichtkommunion im Mittelalter. Münster 1940, pp. 1 f; 43.
[48] Fournier, fol., fol. 137 c.
[49] Ibid., fol. 134 a.
[50] Ibid., fol. 134 a.

müssen, und als sie am Altar den Leib des Herrn eleviert sah, kam ihr die Überlegung, daß von dieser Schändlichkeit der Leib des Herrn befleckt sei."[51] Auda findet in ihrer Verzweiflung Trost und Rat bei ihren Freundinnen, insbesondere aber im Gebet zu Maria. „Guillelma", bittet sie ihre Magd, „begib dich zum Gebet und bitte die heilige Jungfrau von Montgauzy, daß sie mich erleuchte, daß ich an Gott glauben kann."[52] Ihre Zweifel werden öffentlich, als ihre Tante bei eigener Krankheit beichtet, was sie an Lästerungen gehört hat (134d; 135a). Nach mehreren Verhören gibt sich Auda als zum wahren Glauben zurückgekehrt aus. Sie soll über drei Jahre hin regelmäßig bei den Inquisitoren vorsprechen, beichten und die Kommunion empfangen, an mehreren Tagen fasten und jedes Jahr eine andere Marienkirche aufsuchen (138d). Auda Fabris Geschichte gibt nicht nur Einblick in die Glaubenswelt einer „guten Katholikin", sondern auch in weibliches Selbstverständnis. In Auda begegnet uns eine Frau, die die – auch von katholischen Denkern geförderte[53] – Körper- und Frauenverachtung so internalisiert hat, daß sie, vermischt mit sexuellen Ängsten vor dem Geburtsvorgang, gerade in weihevollen Momenten, in Glaubenszweifeln und körperlichen Symptomen ausbricht. Die Zweifel (und Verzweiflung) am eigenen weiblichen Leib werden auf die „Leibhaftigkeit" der Hostie übertragen. Trost vor dem Trauma der Geburt wird bei einer Muttergestalt gesucht: Maria wird als Helferin angerufen, zuletzt über andere Frauen. Im folgenden werden wir wenigen direkten Aussagen von Frauen zu ihrer „Weiblichkeit" und ihrem Empfinden begegnen. Audas Beispiel sollte jedoch bedacht werden, wo es um Attraktion oder Zweifel an der katharischen Lehre von Körper und Seele, Sexualität und Askese, Elternschaft und Kinder geht.

---

[51] Ibid., fol. 136a. Der Abscheu vor dem weiblichen Blut spiegelt sich auch in den Bestimmungen einiger Bußbücher, daß Frauen während ihrer Menstruation die Kirche nicht betreten sollen: Wasserschleben, op. cit., pp. 614; 642.
[52] Fournier, fol., fol. 136b.
[53] Beispiele: Peter Ketsch, Frauen im Mittelalter. Ed. Annette Kuhn. Bd. 2. Frauenbild und Frauenrechte in Kirche und Gesellschaft. Quellen und Materialien. Düsseldorf 1984.

1.2.2. Religiosität im Alltag

Zudem bietet Audas Beispiel einen guten Einblick in die alltägliche Frömmigkeit. Eine „gute Christin", einen „guten Christen" zeichnet aus, daß sie zur Messe gehen, beichten, einige Gebete kennen und Werke der Barmherzigkeit ausüben. Die mit dem Vierten Laterankonzil geförderte Sakramentsfrömmigkeit setzte sich in den Pfarrgemeinden nur schleppend durch. [54] Wenigstens einmal im Jahr jedoch gingen den Protokollen zufolge die Menschen zu Beichte und Kommunion. Wie wir im Falle Audas gesehen haben, war der Empfang der Kommunion oft mit großen Ängsten belastet. Exkommunikation war eine der gefürchtetsten Kirchenstrafen, etwa, wenn der Zehnte nicht gezahlt wurde, der Menschen in große Seelenqualen versetzen konnte (183 c). Auch macht der Glaube an die Realpräsens nicht nur Auda zu schaffen: Menschen, die selbst Brot zubereiten, zweifeln an der Wandlungsfähigkeit der Materie. Eindrückliche Exempel von der Bekehrung Zweifelnder müssen zur Belehrung helfen (133 c). Viele zweifeln an der Wirksamkeit der Sakramente, wenn sie sie an der Würdigkeit des Klerus messen (36 b; 37 a). Guillelmus Escaunerii, ein Anhänger der Katharer, bekennt, „das im Altarsakrament geweihte Brot sei gewöhnliches Brot, weil, wenn auf dem Altar der Leib des Herrn liege, wären die Kapläne nicht würdig, ihn zu berühren, weil die Kapläne schlechte Menschen seien, die viele Schlechtigkeiten begingen, und dennoch, nachdem sie die Hostie eleviert hätten, aus der sie den Leib des Herrn machten, sei sie es dennoch nicht." [55]

Trotz aller Kritik am Klerus ist der Alltag von Frömmigkeit durchdrungen. Je nach Bildungsstand beherrschen Männer und Frauen die wichtigsten Gebete. „Herr Gott, Allmächtiger, dir vertraue ich meine Seele und meinen Leib an, Herr, bewahre mich davor, zu sündigen und fehlzutreten und vor der Sünde anderer und durch mich und vor falschem Zeugnis, und führe mich zu gutem Ziel", betet Audas Tante jeden Morgen. [56] Vaterunser und

---

[54] Peter Browe, Die häufige Kommunion im Mittelalter. Münster 1938, p. 29; 158–163.
[55] Ibid., fol. 117 d.
[56] Ibid., fol. 134 b.

Ave Maria sind die wichtigsten Gebete, die Eltern ihren Kindern beibringen. Die Mutter Gottes spielt eine herausragende Rolle in der alltäglichen Frömmigkeit. Ihre Bedeutung wird in den Gebeten Audas sichtbar. Ihre Verehrung zeichnet „gute Christen und Christinnen" aus. Berengarius Scala zum Beispiel hat die Verbrennung zweier Waldenser, Agnes Franco und Ramundus da Costa, miterlebt und empört sich lautstark dagegen: Jener Mensch, der so demütig Gott und die selige Maria auf dem Scheiterhaufen angerufen habe, könne kein Häretiker sein (27 d). Maria wird erlösende Kraft zugeschrieben. Eine Mutter warnt ihre Tochter vor „Häretikern": „Glaub das ja nicht, Tochter, weil kein fleischlicher Mensch, der Exkremente ausscheidet, Seelen retten kann, sondern nur Gott und die selige Jungfrau Maria." [57] Die Frauen stiften ihr Kerzen (38 c). Wie Gott Vater schützt Maria die Ernte (193 ac), in alltäglichen Notfällen wird ihre Hilfe erwartet. Galharda Ros aus Ornolac entdeckt eines Tages, daß sie ausgeraubt wurde und wendet sich an den *baiulus* [58] des Ortes, der ihr nicht helfen kann. „Bekümmert und weinend ging sie zur Kirche der seligen Maria von Montgauzy, um durch deren Wunder aufzudecken, ob sie ihr Geld und ihre Sachen wiedererlangen könne, und um bessere Beweise zu erhalten, umgab sie den Altar der seligen Maria mit Kerzen." Der *baiulus* spottet darüber, doch sie bleibt standhaft: „Ich vertraue der seligen Maria von Montgauzy, die ich aufgesucht und gebeten habe, daß sie mir das Geld und die geraubten Sachen wiedergebe, und daß sie mich von denen befreien wird, die gestohlen haben, wenn sie es nicht zurückgeben." [59] Neben Maria werden auch die Heiligen verehrt, in erster Linie die Apostel. „Johannes" und „Petrus" heißen viele Männer. Auch die Heiligen erhalten Geschenke, so der heilige Antonius Wolle oder Schweineknochen (205 a; 249 b), auch sie werden um Hilfe angegangen, wenn auch mit Praktiken, die die Inquisitoren als Magie werten. Um verschwundene Leintücher zu finden, wird beispielsweise der „St.-Georgs-Zauber" praktiziert: Ein Kind blickt in einen Spiegel

---

[57] Ibid., fol. 95 c.
[58] Aufsichtsbeamter mit richterlicher Funktion.
[59] Fournier, fol., fol. 21 d.

und soll dort das Verschwundene entdecken (24 b). Glaube und „Magie" liegen oft dicht nebeneinander. „Wenn Kinder getauft worden sind, haben sie hübscheres Fleisch und ein besseres Gesicht als vor der Taufe" [60], lautet das Ergebnis eines „Männergesprächs" über Kinder. Auch das Lebensende kann von magischen Zeremonien begleitet sein: Einem Toten werden Haare und Nägel abgeschnitten, um in ihnen ein Unterpfand für das Glück des Hauses zu behalten (63 c; 78 d). Nicht immer rechtgläubige Riten begleiten auch Übergangsphasen des Lebens. Zum Zeitpunkt einer Hochzeit wird die Sternenkonstellation berechnet (54 b), und die adlige Beatrix de Ecclesia will ihrer Tochter Philippa die Treue ihres zukünftigen Gatten wahren. Von einer zauberkundigen Frau habe sie in Erfahrung gebracht, „daß, wenn sie vom ersten Monatsblut habe, das aus dem Mädchen fließe, wenn es seine erste Menstruation habe, und von diesem Blut dem Gatten des Mädchens oder einem anderen Mann zu trinken gebe, würde sich der Gatte nachher um keine andere Frau kümmern, nur um die, deren erstes Monatsblut er getrunken habe. Einst, als ihre Tochter Philippa als Mädchen, was schon lange her sei, ihre erste Menstruation gehabt habe, forschte sie in ihrem Gesicht, weil das Mädchen bestürzt war, und sie fragte sie, was sie habe, worauf sie antwortete, daß Blut aus ihrer Scheide liefe ... und darauf schnitt sie Philippa einen Teil des Hemdes ab, das mit Blut befleckt war, ..., in der Absicht, wenn Philippa einen Mann nehme, sie ihm von jenem Monatsblut zu trinken gebe, das aus den Tüchern gedrückt werden solle, wenn man sie naß mache." [61] Solche Zauberpraktiken, die mit leicht schlechtem Gewissen ausgeführt wurden, schrieb man gerne ehemaligen Jüdinnen zu, während die Kunst des Wahrsagens „Sarazenen" beigelegt wurde (44 ab; 46 c; 124 ac; 130 b). Vogelflug konnte man dagegen selber als Hinweis auf Künftiges deuten (267 a). Selbstverständlich heulten im Gebirge Geister ums Haus. Die Totengeister böser Menschen sind das, die keine Ruhe finden, weiß eine Zeugin (92 a). Arnalda Riba

---

[60] Ibid., fol. 139 d.
[61] Ibid., fol. 44 b. Diese Praxis wird auch in älteren Bußordnungen erwähnt und mit Strafe belegt: Wasserschleben, p. 662.

aus Belcaire gilt als Geisterseherin, die mit den Seelen Kontakt hält (92 b).

Trotz der von der Inquisition getadelten Anschauungen, halten sich die meisten Zeugen und Zeuginnen für „gute Christen". Solche lassen ihre Kinder taufen (139 d), übernehmen Patenschaften und bringen ihnen das Vaterunser und Ave Maria bei (271 c). Sie stehen Sterbenden bei und beten für die Toten. In besonderer Weise zeichnen sie sich durch die Werke der Barmherzigkeit an Armen aus, wie Audas Beispiel belegt. Darüber hinaus können sie Ablässe erwerben oder auf Wallfahrten gehen. „Er sei ein guter katholischer und gläubiger Christ, der den Zehnten und die Erstlinge zahle und den Armen Christi Almosen gebe, und daß er Wallfahrten unternehme und noch anderes, was ein guter und katholischer Christ tue und tun müsse", wehrt Petrus Sabarterii die Beschuldigungen des Inquisitors ab, „und im vorigen Jahr sei er auf eine Wallfahrt mit seiner Frau zu der seligen Maria von Monteserrat gegangen und dieses Jahr mit seiner Frau zum heiligen Jacobus von Compostela." [62]

2. „Siehe, wir haben alles verlassen ...": Die letzten Perfekten und ihre alten und neuen Familien

So sehr sich die Menschen bemühten, „gute Christen" zu sein, so waren sie doch weder blindgläubig noch unkritisch. Die Natur der Seele, die Wirksamkeit der Sakramente, die Auferstehung der Körper, dies war nicht nur Diskussionsstoff von Theologen, sondern wurde von Frauen wie Männern eifrig diskutiert, sei es vor der Kirche, auf dem Dorfplatz, bei der gemeinsamen Arbeit, im Wirtshaus oder auf dem Weg. Insbesondere die Kirche als Institution wurde, mitbedingt durch die Durchsetzung des Zehnten in Foix, heftiger Kritik unterzogen. Unwillen gegenüber dem Klerus konnte sich dabei zu Zweifeln am Sinn kirchlicher Zeremonien entwickeln. Mutige Scherzbolde pflegten vor der aus der Kirche strömenden Menge der Gläubigen die Priester zu parodieren (71 d;

---

[62] Ibid., fol. 22 a.

139 cd; 141 d) oder freche Couplets zu singen (287 a; 289 a).[63] In diese Welt zwischen Angst, tiefer Frömmigkeit und Unzufriedenheit traten Prediger ein, die die Kirche und ihre Riten noch vehementer ablehnten als manche unzufriedenen Katholiken und Katholikinnen, die selbst streng asketisch lebten und daher für sich in Anspruch nahmen, allein „gute Christen" und „wahre Kirche" zu sein.

2.1. Die Prediger und ihre wichtigsten Anhängerinnen

Die bekanntesten und einflußreichsten Vertreter des gegen Ende des 13. Jahrhunderts wiederbelebten Katharismus sind die Brüder Petrus und Guillelmus Auterii, angesehene Notare aus der Bäder- und Marktstadt Ax, die 1295 in die Lombardei zogen, um dort die noch überlebenden Perfekten kennenzulernen und sich selbst weihen zu lassen. Sibylia Petri, eine Frau, die die beiden auf ihren Wanderungen oft beherbergte und die von ihnen ins Vertrauen gezogen wurde, berichtet über zwanzig Jahre später, was ihr in Erinnerung geblieben ist: „Sie waren ja selbst Kleriker und kannten das Gesetz und hatten Frauen und Söhne und waren reich, und eines Tages, als Petrus in seinem Haus im Beisein seines Bruders ein bestimmtes Buch las, sagte er seinem Bruder Guillelmus, was er in dem Buch las. Als der eine Weile in dem Buch gelesen hatte, fragte Petrus ihn: ‚Und was ist das, Bruder?' Und Guillelmus antwortete: ‚Es scheint mir, wir haben unsere Seelen verlorengehen lassen.' Und Petrus antwortete ihm: ‚Gehen wir also Bruder, und suchen wir das Heil unserer Seelen!'".[64] Die beiden Brüder haben ein katharisches Buch gelesen und suchen nun die Menschen auf, aus deren Mitte es stammt. In der Lombardei bleiben sie drei Jahre und kehren 1298, zu „Perfekten" geweiht, in ihre Heimat zurück. Von Ax aus durchziehen sie die nähere Umgebung und gelangen bis Toulouse. Teils auf ihre Initiative hin, teils aus eigenem Antrieb lassen sich auch andere Männer weihen und ergänzen die

---

[63] Zur Nachahmung der Kleriker im Mittelalter vgl. Jacques Heers, Von Mummenschanz und Machttheater. Europäische Festkultur im Mittelalter. Ffm 1986, pp. 202–208. Gegenüber den hier genannten rituellen Parodien scheint es sich bei den genannten Fällen um spontane Kritik gehandelt zu haben.
[64] Fournier, fol., fol. 201 c.

Reihe der Prediger: Pradas Tavernarii, ein Textilarbeiter aus Prades, der seinen Beruf leid ist, als ungebildet gilt, aber gleichwohl begeistert predigt, Ramundus de Saint-Papoul, ein zarter Büchermensch, der sich auf Handarbeit nicht versteht, die kräftigen Eisenarbeiter Guillelmus und Arnaldus Martini aus Junac, Belibasta, ein Hirte, der im Streit einen Kollegen erschlug und sich bekehrte und einige andere, im ganzen vierzehn Perfekte.[65] Bereits 1310 wurde Petrus Auterii auf Mandat des Inquisitors Bernhard Gui verhaftet, ihm folgten Pradas Tavernarii, sein Sohn Jacobus und Bruder Guillelmus, Arnaldus Martini und zahlreiche andere. Am 9. April 1311 wurde das Todesurteil gegen ihn verkündet, und die anderen Perfekten folgten ihm auf den Scheiterhaufen, sofern sie nicht auf der Flucht starben oder durch Selbstmord endeten. Die beiden letzten Perfekten starben in Katalonien, wohin sie sich geflüchtet hatten: Ramundus de Saint-Papoul an Hunger und Entkräftung, Belibasta wurde 1321 in einen Hinterhalt gelockt und starb den Märtyrertod.[66]

Zunächst aber interessiert uns das Leben dieser Perfekten und das ihrer Familien. Nach ihrer Rückkehr blieben die Auteriis auf die Unterstützung ihrer ausgedehnten Verwandtschaft angewiesen. Bonus Guillelmus wurde zu Erkundigungen ausgeschickt, während die Brüder in Ax bei ihrem Bruder Ramundus und seiner Frau Esclarmonda unterkamen. Erst nach 50 Tagen nahm Petrus Kontakt zu Arnaldus Textoris in Lordat, dem Mann seiner Tochter Guillelma, auf. Dieser informierte sich gerne über die Lehre seines Schwiegervaters und beherbergte ihn bisweilen, solange ihm keine Gefahr drohte. Seine Frau weihte er nicht weiter in die Geheimnisse ihres Vaters ein, verprügelte sie aber heftig, als sie einmal ein katharisches Buch offen liegenließ (157 b).[67] Herzli-

---

[65] J.-M., Vidal, Les derniers ministres de l' albigéisme en Languedoc, leur doctrine. Revue des Questions historiques Paris 1960, pp. 57–107; Hans Christoph Stoodt, Petrus Auterii. Leben und Lehre eines katharischen Perfectus in Südfrankreich zu Beginn des 14. Jahrhunderts 1300–1310. Diss. theol. Frankfurt/M. 1988 (masch.).
[66] Fournier, fol., p. 72; Elie Griffe, Le Languedoc Cathare et l'Inquisition (1229–1329). Paris 1980, pp. 77–79.
[67] Griffe, pp. 128 f.

cher waren Kontakte zu einem Neffen der Auteriis, Guillelmus de Rodesio aus Tarascon, und seiner Frau Blanca, die durch Ramundus Auterii über das neue Leben ihrer Onkeln belehrt wurden und diese oft in ihrem Haus beherbergten. Guillelmus bekennt offen, „daß er sie versteckte und unterstützte, weil sie von seiner Familie waren, und er glaubte, weder zu sündigen noch etwas Schlechtes zu tun."[68] *„Propter amorem naturalem",* aufgrund der natürlichen Liebe, habe er sie ganz selbstverständlich versorgt.[69] Auch aus früheren Zeugnissen ist bekannt, daß sich Perfekte in erster Linie auf ihre Verwandtschaft stützten, um versorgt und beherbergt zu werden.[70] Der Kreis der Verwandtschaft weitete sich auf die „neue" Familie der Sympathisantinnen und Sympathisanten, der „Gläubigen", die auch im Mittelpunkt dieses Buches stehen, aus. Einige werden uns nur sporadisch, andere immer wieder begegnen. Die wichtigsten Namen seien daher zur ersten Orientierung genannt.[71] In Ax nahm Sibylia den Balle Perfekte auf[72], die zur Sicherheit ihren eignen Mann aus dem Haus geworfen hatte. Unterstützt wurde sie von ihrer Freundin Guillamona Garsen. In den Jahren 1299–1300 durchzog Petrus Auterii mit einem Begleiter, meist seinem Bruder, die Dörfer und Städtchen in der Umgebung von Ax: Tarascon, Larnat, Lordat und Merens.[73] In Tarascon sorgten neben den de Rodesios der Notar Guillelmus Bayard, seine Frau Lorda, deren Töchter und Schwiegersöhne für die Perfekten. Diese kamen auch in der Herberge der Cervellis oder bei Matheldis Piquerii, der Frau eines armen Fischers, unter. Von 1303 bis 1305 setzten die Auteriis und andere Perfekte ihre Reisen durch den Languedoc fort, indem sie ihnen wohlgesonnene Orte des öfteren besuchten. Zu diesen zählt das Dorf Montaillou im Norden von Ax, dessen Familien fast geschlossen

---

[68] d'Ablis, fol. 15 v.

[69] Ibid., fol. 17 r.

[70] Andrew Roach, The Cathar Exonomy. Reading Medieval Studies XII (1986), pp. 51–71, p. 64.

[71] Hier werden nur die wichtigsten und am häufigsten genannten Frauen und ihre Familien erwähnt, die Liste ist keineswegs vollständig. Hierzu vgl. Griffe, op. cit., Kap. VIII und IX.

[72] S. II, Kap. 9.2.

[73] Vidal, Ministres, pp. 67–69.

hinter den Perfekten standen. Zu nennen sind als bedeutendste Anhängerinnen die alte na Roqua, deren Sohn Ramundus als *ductor,* als Begleiter und Wegweiser der Prediger tätig ist, sowie Mengardis Clerici, die Mutter eines reichen Dorfclans, die den Pfarrer und den *baiulus* des Ortes stellt. Beide Frauen sind eng befreundet mit Guillelma Beloti, einer wohlhabenden Bauersfrau, die mit Mann, Töchtern und Söhnen die Perfekten unterstützt. Guillelma Beneti, deren Tochter einen Sohn der Belotis heiratet, ist dagegen über ihren Mann mit den Auteriis verwandt. Wichtige Gläubige sind in Montaillou auch die Familien Maurini und den Riba. Als „alleinstehende" Mütter begegnen den Perfekten die Käsehändlerin Alazais Ademarii, die Weinhändlerin Licerii und Bruna Porcelli, eine uneheliche Tochter des Pradas Tavernarii. Skeptisch steht Beatrix de Ecclesia, die Frau des Burgherren von Montaillou, den neuen Ideen gegenüber, die ihr ihr Geliebter, der Pfarrer Petrus Clerici, nahezulegen sucht. Sie heiratet nach ihrer Verwitwung ein zweites Mal und zieht nach Prades. Etwas weiter nordöstlich, auf dem Weg nach Limoux, liegt Arques, wo das Haus Petri mit seinen Nachbarn und Nachbarinnen die Perfekten versorgt.[74] Auch einige Adlige unterstützen die Prediger: Die Familien von Chateauverdun, Junac, Larnat und Luzenac. Petrus de Luzenac, der dem Glauben seiner Mutter skeptisch gegenübersteht, ist es schließlich, der Petrus Auterii an die Inquisition verrät.

2.2. Verlassene Ehefrauen

Doch was wissen wir, nach der Bekanntschaft mit den wichtigsten Gläubigen, über die eigenen Familien der Perfekten? Durch die Weihe waren die Prediger zur apostolischen Nachfolge verpflichtet, und dies bedeutete, neben zahlreichen Fastenübungen, Aufgabe des Besitzes und vor allem Enthaltung von jeder Form von Sexualität. Sie vermieden es, eine Frau zu berühren, ja, nur mit ihr auf einer Bank zu sitzen.[75] Von Petrus Auterii wurde berichtet, „und wenn er eine Frau berühre, müsse er neun Tage

---

[74] S. II, Kap. 9.3.
[75] Fournier, fol. 52 d; 60 b; 77 d; 117 d; 242 a; 247 b.

hintereinander bei Brot und Wasser fasten."[76] Wie lebten nun die ehemaligen Gattinnen der Geweihten? Über die wenigsten von ihnen sind wir ausreichend informiert, etwas ausführlicher allerdings über die Familie der Auteriis. Die beiden Brüder waren nicht mehr jung, als sie sich dem Katharismus zuwandten. Petrus hatte mit seiner Frau Alazais sieben Kinder, die meisten von ihnen verheiratet, und mit seiner Geliebten Moneta ebenfalls drei Kinder. Diese hatte mit ihrem Sohn Bonus Guillelmus die Auteriis in die Lombardei begleitet, (A 24 v). Die Reise der Moneta muß Aufsehen erregt haben, doch hören wir weiter nichts über sie.

Über Alazais, die Ehefrau des Petrus wissen wir wenig. Aus der engeren Verwandtschaft scheinen ihn in erster Linie seine uneheliche Tochter Guillamona und seine Schwägerin Esclarmonda unterstützt zu haben. Seine Tochter Matheldis hatte ihn in die Lombardei begleitet. In besonderer Liebe hing er an seinem Sohn Jacobus, dem er 1301 selbst die Weihe erteilte (A 14 v; 30 r; 34 v). Profilierter erscheint dagegen Galharda, die Ehefrau seines Bruders Guillelmus, die sich der Sache ihres Mannes widmete. Die von Nachbarn als schön bezeichnete Frau hatte mit Guillelmus zwei Söhne. Ohne Klagen scheint sie hingenommen zu haben, daß ihrem Mann nur noch die geistliche Ehe zwischen Seele und Geist wichtig war. Sein Neffe Guillelmus de Rodesio rechnet Galharda ausdrücklich zu denen, „die Freunde, Vertraute und Geheimnisträger ‚der Auteriis' waren, die sie in ihren Häusern empfingen und von ihren Gütern zu essen und zu trinken gaben."[77] Galharda sieht ihren Mann nur noch gelegentlich, wie andere Gläubige muß sie sich in seine Verstecke begeben, meist im Haus des Ramundus Auterii oder bei anderen Gläubigen in Ax (A 3 r; 22 r). Eine Zeugin hat ein solches Zusammentreffen im Haus der Narbona Gomberti, einer gläubigen Einwohnerin von Ax, beobachtet: „Und im Untergeschoß fanden sich Guillelmus Auterii und Pradas Tavernarii, die auf einer Bank längs zum Bett saßen, und auf einer anderen Bank, die ge-

---

[76] Ibid., fol. 247 b.
[77] d' Ablis, fol. 15 v.

genüber stand, saßen Galharda, die Frau des Guillelmus Auterii, und Narbona, und Guillelmus Auterii fragte seine Frau, was Petrus und Arnaldus, die Söhne des Häretikers, die noch Knaben waren, machten. Und Galharda antwortete dem Häretiker, daß es den Kindern gut ginge."[78] Das freundschaftliche, nicht zerrissene Band zwischen den Eheleuten gab Anlaß zu Gerüchten. Pradas Tavernarii, der sich den gebildeten Auteriis unterlegen fühlte, klagte einer Gläubigen, „daß sie sehr gierig und neidisch seien und Geld anhäuften, so daß einmal Guillelmus Auterii Geld ansammelte und zu seiner Frau Galharda ging, und gemeinsam steckten sie oft ihre Köpfe in eine Kiste und betrachteten das Geld, das durch ihn gesammelt wurde. Aber nach ihrer Weise und Regel dürften sie nichts annehmen außer für die gegenwärtige Bedürftigkeit."[79]

Diese Kritik trägt der Tatsache Rechnung, daß manche Perfekte von ihren Verehrern Geld anstelle von Sachspenden erhielten und die Auteriis zunächst noch in der Lage waren, für ihren Unterhalt selbst aufzukommen, greift zugleich aber die bekannte wie unbeweisbare Sage vom „Schatz" der Katharer auf. Die Auteriis hatten in der Tat Geld bei einigen Gläubigen hinterlegt (A 64 r), und es ist durchaus möglich, daß ihre Frauen über den Rest des zurückgelassenen Besitzes wachten.

Aber auch in geistlichen Dingen vertraut Galharda ihrem Mann. Als ihr Großvater erkrankt, ruft sie ihn und Pradas Tavernarii heimlich ins Haus, um den Verwandten weihen zu lassen. „Ihr Teufel, ärgert mich nicht!" empfängt diese der Kranke, doch Galharda bittet: „Herr Großvater, glaubt mir, Herr Großvater, glaubt mir." „Mach, was du willst," resigniert dieser und empfängt die Weihe, was ihm Erlösung bringen soll.[80]

Galharda hängt nicht nur an ihrem Großvater, sondern auch an der Familie Beneti, aus der sie stammt. 1307 wohnt sie der Hochzeit ihrer Cousine Guillelma Beneti mit dem vermögenden Bauernsohn Bernardus Beloti in Montaillou bei. Dessen Mutter

---

[78] Fournier, fol. 188 c.
[79] Ibid., fol. 204 b.
[80] Ibid., fol. 148 b.

war überhaupt nicht damit einverstanden, eine Verwandte von „Häretikern" ins Haus zu bekommen, aber die alte na Roqua, standfeste Gläubige und Dorfautorität, riet ihr zu. Zur Hochzeit ist auch Guillelmus Auterii geladen, der immer lustig ist und den Reigen anzuführen weiß (94 a). Die Magd Ramunda den Arsen ist erstaunt über das Auftreten der Eheleute, denn beide sitzen auf getrennten Bänken, während eine Nachbarin vor Auterii niederkniet. Ramunda fragt später ihren Dienstherren nach dem sonderbaren Gast und erfährt, „es sei Guillelmus Auterii gewesen, der Gatte der Galharda, aber vor kurzem habe er sie verlassen, weil er zum guten Christen gemacht wurde, der Seelen zum Heil führe." „Wie kann das ein guter Christ sein, der sich so verborgen hält?" zweifelt Ramunda, und ihr Gesprächspartner befiehlt ihr zu schweigen, da sie wohl sonst kein Haus fände, in dem sie arbeiten könne. [81]

Die Häuser der Benetis und Belotis werden zu Zufluchtsorten der Auteriis in Montaillou, wo Galharda sich nach ihrem Mann erkundigen kann. 1305/06 wird sie nach Carcassonne vor Gericht zitiert. Auf dem Weg dorthin sucht sie ihren Gatten im Haus der Belotis auf. Ramunda den Arsen hat wiederum ihr Gespräch belauscht: „Der Häretiker habe seiner Frau gesagt, sie solle nicht die Wahrheit sagen, noch sie verraten, weil sie eine Sünde beginge, wenn sie sie aufdeckte, und Galharda antwortete Guillelmus, daß es sich durchaus gehöre, daß sie die Wahrheit sage, und Guillelmus sagte ihr, wenn sie ihm glaube, solle sie nicht vollkommen die Wahrheit sagen, zumindest solle sie nicht sagen, daß sie sie damals gesehen habe." [82] Galhardas Aussage ist uns nicht überliefert. Sollte sie ihren Mann angezeigt haben? Dieser wird Ende 1309 verhaftet und kurz darauf hingerichtet (210 d). Die von Zeugen schwer belastete Galharda ist noch 1312 in Haft, was auf ihre Verschwiegenheit schließen läßt. Nach ihrer Freilassung wird sie später von Fournier verhört, sie erinnert sich an die Hochzeit im Haus Beloti und nennt die Namen einiger Gläubiger. „Und sie sagte nichts weiter von Belang, auch wenn sie sorgfältig befragt

---

[81] Ibid., fol. 74 c.
[82] Ibid., fol. 75 a.

wurde", lautet die stereotype Schlußformel ihres Verhörs[83]; ihr weiteres Schicksal ist uns unbekannt.

Leider wissen wir wenig über die Familien der anderen Perfekten. Belibastas Frau scheint dem Weg ihres Mannes nicht gefolgt zu sein. Dennoch sehnte sich der Perfekte, der nach seiner Verhaftung aus dem Gefängnis nach Katalonien floh und dort als Hirte und Handwerker seinen Unterhalt verdiente, nach seiner Familie. Er trägt einem Arbeitsgefährten auf den Weiden von Flix auf, bei seinen Wanderungen nach seiner Schwester na Cavalha in Cubières zu fragen, ob sie nicht zu ihm kommen wolle. Er vertraut einem Freund an, „daß er sehr ersehne, seinen Sohn bei sich zu haben, um ihn im Glauben der Häretiker zu erziehen."[84] Weiter bittet er ihn, „wenn er im Gebirge von Merenx sei, solle er nach Cubières gehen und sehen, was der Sohn des Häretikers mache, und seine Frau, und P. Johannes, der Bruder, und der Zeuge sagte, daß er es gerne tue." Doch kann er dem Gefährten nur traurige Nachricht überbringen. Schwester, Sohn und Tochter sind verstorben und, „daß sich seine Frau noch in einem Haus in Cubières aufhalte."[85] Der verlassene Perfekte teilt seine Einsamkeit im asketischen Zusammenleben mit Ramunda Martini, die wir später noch kennenlernen werden.

Die wenigen Beispiele haben gezeigt, wie sehr auch die Perfekten auf das Netz von Familie und Verwandtschaft angewiesen waren. Auch die Trennung von der Ehefrau mußte nicht radikal sein. Wenn es den Männern schon schwerfiel, sich von ihr und ihren Kindern zu trennen, um wieviel mehr mußten dann Frauen vor einem Bruch zurückschrecken?

[83] Ibid., fol. 54 d.
[84] Ibid., fol. 268 c.
[85] Ibid., fol. 268 c.

3. „Perfekte Frauen": Geweihte und „gute Gläubige"

3.1. Jacoba, die letzte Perfekte

Die Protokolle der Verhöre in Carcassonne und Pamiers enthalten keine Nachrichten und Zeugnisse über eine weibliche Perfekte, obwohl dieser Status Frauen zugänglich war. Zu gefährlich war es für Frauen, zu reisen, zu predigen, ständig in anderen Häusern Unterschlupf zu suchen, zu fremd vielleicht auch den Frauen aus bäuerlichem Milieu.

Den Namen einer letzten Perfekten überliefert uns die Sentenzensammlung des Bernhard Gui, des Inquisitors von Toulouse[86], die gattungsbedingt nur wenig Auskünfte über diese Frau gibt. Auda Borelli aus Limoux begleitet den von Petrus Auterii bekehrten Philippus de Alayrac in die Lombardei und läßt sich dort mit ihm in den ersten Jahren des 14. Jahrhunderts weihen. Sie nimmt darauf den Namen Jacoba an. 1302/03 wieder in die Heimat zurückgekehrt, ist es für sie zu gefährlich zu reisen, aber auch nicht mehr möglich, in einem Konvent von Perfekten unterzukommen, wie es Frauen noch im 13. Jahrhundert möglich war. Mit Ramundus de Saint-Papoul und der Magd Esclarmonda lebt sie in einem Haus in Toulouse, ohne daß wir etwas über ihre Tätigkeit wissen. Sicher verehrten sie Gläubige mit der rituellen Ehrenbezeugung und nach katharischer Lehre kam ihr dieselbe Schlüsselgewalt zu wie einem Mann. Doch 1307 erkrankt Jacoba. Esclarmonda berichtet, „sie habe die Häretikerin in der Krankheit, an der sie starb, gepflegt, danach ihrer Bestattung beigewohnt, im Beisein des Philippus de Alayrac und des Petrus Bernerii, und sie wüßte, daß jene ihren Tod beschleunigt hätte."[87] Hier handelt es sich wohl nicht um einen Selbstmord, der begangen wurde, um der Inquisition nicht in die Hände zu fallen[88], sondern um die Enthaltsamkeit von Nahrung, wie sie auch auf dem Krankenbett geweihte Gläubige praktizierten. Doch rächte

---

[86] In: Philipp Limborch, Historia Inquisitionis. Amsterdam 1692.
[87] Limborch, pp. 34–36.
[88] Brenon, op.cit., p. 333.

sich die Inquisition noch an den Gebeinen Jacobas. Sie wurden 1309 exhumiert und nachträglich verbrannt. [89]

3.2. Die Damen von Chateauverdun

Doch gab es im Umfeld des Katharismus Frauen, die zumindest als treue Gläubige versuchten, in der Nähe der Perfekten ein ihrer Wahrheit gemäßes Leben zu führen. Bekannt war nach einem halben Jahrhundert noch immer das Beispiel der adeligen Damen Chateauverdun, die 1247 in Pamiers in Haft saßen. Mit ihrem Beispiel versucht der Kastellan des Schlosses von Montaillou die junge Schloßherrin Beatrix zu beeindrucken: „Zuerst sagte er, daß Alesta und Serena, die Herrinnen von Chateauverdun, mit ausländischen Farben geschminkt, um nicht erkannt zu werden, nach Toulouse gekommen seien. Und als sie in der Herberge waren, wollte die Herbergsmutter prüfen, ob sie Häretikerinnen seien oder nicht und gab ihnen lebende Hähnchen, indem sie sagte, sie sollten sie sich selbst zubereiten, weil sie in der Stadt zu tun habe. Und nachdem sie das gesagt hatte, verließ sie das Haus. Und als sie zurückgekommen sei, fand sie die Hähnchen noch lebend, und da sagte sie ihnen, warum sie die Hähnchen nicht zubereitet hätten, worauf sie antworteten, daß, wenn die Herbergsmutter die Hähnchen schlachtete, sie sie gerne zubereiteten, aber ... sie würden sie nicht töten. Als sie das hörte, zeigte die Herbergsmutter den Inquisitoren an, daß zwei Häretikerinnen in ihrem Haus seien, die gefangen und verbrannt wurden, und, als sie verbrannt werden sollten, baten sie um Wasser, um ihre Gesichter zu waschen, indem sie sagten, sie wollten nicht angemalt vor Gott treten. Und als ›Beatrix dem Erzähler‹ ... sagte, die Damen hätten besser daran getan, sich von der Häresie loszusagen als zuzulassen, daß sie verbrannt würden, sagte ›er‹ ihr ..., daß die guten Christen das Feuer nicht fühlten, weil das Feuer, mit dem sie verbrannt würden, den Körper nicht beschädigen könne. [90] ›Er

[89] Limborch, pp. 34–36.
[90] Die Einschätzung des Körpers überrascht in dieser Aussage und scheint der katharischen Lehre von der Rettung allein des Geistes zu widersprechen. Doch ist der volkstümliche „Katharismus" kein dogmatisches, logisches System,

sagte auch‹ …›, daß eine der beiden Frauen, als sie ihr Haus von Chateauverdun verlassen wollte, einen Jungen in der Wiege gehabt hätte, und ihn sehen wollte, bevor sie ging, und als sie ihn sah, küßte sie ihn, und da lachte der Junge, und als sie sich gerade ein bißchen von dem Ort entfernt hatte, wo der Junge schlief, kehrte sie wieder zurück, und der Junge begann zu lachen, und dies spielte sich wiederholt ab, so daß sie den Jungen nicht verlassen konnte. Als sie das sah, sagte sie ihrer Magd, sie solle ihn aus dem Haus bringen, was auch geschah, und so entfernte sie sich, wie gesagt."[91] Fünfzig Jahre später fanden diese „perfekten" Märtyrerinnen würdige Nachkommen in Stephania, Witwe des Ritters Guilelmus von Chateauverdun, und ihrer Tochter Catalana. 1295 tritt Stephania in Kontakt mit dem Schneider Andreas Pradas Tavernarii aus Prades.[92] Er, der zu seinem Handwerk keine rechte Lust mehr verspürt, verkauft seine Habe und sucht – über alle Standesgrenzen hinweg – öfters das Schloß Chateauverdun auf. Ziel ist eine gemeinsame Reise nach Barcelona, wo es noch „gute Menschen" geben soll (65 ad). Stephania verkauft ebenfalls ihren Besitz und entläßt ihre Leute. In Barcelona ernährt die bereits „heiratsfähige" Catalana die kleine Reisegruppe mit ihrer Arbeit (204 b). Die Frauen werden jedoch verhaftet und verlieren nach ihrer Freilassung endgültig ihre Güter, so daß Pradas ihnen Geld leihen muß (204 b). Die Gruppe kehrt in die Heimat zurück, wo sich Pradas nach der Rückkehr der Auteriis, die bei ihrer Lombardeireise bei einem Pons Chateauverdun untergekommen waren (161 b), vor 1299 weihen läßt (65 d). Stephania, von Catalana wird nichts mehr berichtet, versucht vorsichtig, für die Perfekten zu werben. Ihr *baille* zieht in die Lombardei (A6 r), sie selbst möchte zu der bereits erwähnten Beatrix Kontakt aufnehmen (45 c). Doch ihr Mut scheint gebrochen. Nach der kostenintensiven Reise ist sie nach eigener Aussage „gezwungen, arm und niedrig im Haus ihres Sohnes zu weilen, sie wage kaum, sich zu

---

sondern erzählte mythologische Anschauung, die sich einer Systematisierung entzieht.

[91] Fournier, fol. 37 d, 38 a.

[92] Vgl. Griffe, op.cit., pp. 220 f.

bewegen", wie sie einer Zeugin klagt. [93] Der sieht es nicht gerne, wenn sich seine Mutter mit anderen gläubigen Frauen unterhält: „O Herrin, halten die schlechten Pläne immer noch an", unterbricht er ein Gespräch. „Schweig, weil wir nichts Schlechtes reden," erhält er zur Antwort, doch er stöhnt, „daß sie niemals etwas Gutes gesagt noch hinterher getan hätte." [94] Ob und wie Stephania und Catalana weiter ihrem Glauben folgten, wissen wir nicht. Die Protokolle geben keine weitere Nachricht von ihnen.

3.3. Mißglückte Werbung: Beatrix de Ecclesia

Mit welchen Schwierigkeiten Frauen zu rechnen hatten, die sich auf den Weg zur Perfekten oder guten Gläubigen machen wollten, aber auch, mit welchen Begründungen dieser beschritten werden konnte, zeigt das Beispiel eines mißglückten Missionsgesprächs des Kastellans der bereits erwähnten Beatrix. [95] Diese selbst erinnert sich: „Es sei 26 Jahre her, ungefähr im Monat August …, als sie die Frau des Ritters Berengarius de la Roc war, sei der frühere Kastellan von Montaillou, Ramundus Rosselli …, Verwalter und Aufseher des Hauses ihres Gatten und der Zeugin selbst gewesen … Und Ramundus habe sie oft bedrängt, sich mit ihm zu entfernen und in die Lombardei zu gehen zu den guten Christen, die es dort gibt, indem er sagte, der Herr habe gesagt, der Mensch solle Vater, Mutter, Frau, Gatten, Söhne und Töchter verlassen und ihm folgen, und er gebe ihm das Himmelreich. Und da das gegenwärtige Leben kurz sei und das Himmelreich ewig, führte er aus, daß der Mensch sich nicht um das gegenwärtige Leben kümmern solle, um das Himmelreich haben zu können. Und als die Zeugin ihm sagte: ‚Wie kann ich meinen Mann und meine Söhne verlassen?' habe Ramundus geantwortet, da der Herr vorgeschrieben habe, wie vorhin gesagt wurde, und auch, weil es besser sei, daß eine Frau Gatten und Söhne, deren Augen verfaulten, verließe als

---

[93] Ibid., fol. 204 c.
[94] Ibid., fol. 51 d.
[95] Das Schicksal dieser Frau ist des öfteren behandelt worden und kann an anderer Stelle nachgelesen werden: Benad, pp. 387–397; Griffe, pp. 236–239; Ladurie, passim.

wenn sie ihn verließe, der in Ewigkeit lebt und das Himmelreich gibt. ... ›Und er sagte‹, ..., daß allein jene, die gute Christen seien, gerettet würden und keine anderen, weder *Religiose* ›d. h. Nonnen oder Mönche‹ noch Priester noch irgendwelche anderen außer den guten Christen, weil, wie er sagte, wie es unmöglich sei, daß ein Kamel durch ein Nadelöhr ginge, so sei es unmöglich, daß Besitzer von Reichtümern gerettet würden, weswegen er sagte, daß Könige und Fürsten, Prälaten und *Religiose* und alle, die Reichtümer besäßen, nicht gerettet werden könnten, außer jenen guten Christen, und sie würden sich in der Lombardei aufhalten, weil sie hier nicht zu bleiben wagten, weil Wölfe und Hunde sie verfolgten, indem er ihr sagte, daß Wölfe und Hunde die Bischöfe und Predigerbrüder seien, die die guten Christen verfolgten und sie aus diesen Gegenden vertrieben ... Und als sie ihm sagte, wie sie beide fliehen und zu den guten Christen gehen könnten, da, wenn ihr Mann es erführe, er sie verfolgte und tötete, antwortete Ramundus, daß, wenn der Mann der Zeugin eine große Reise mache und etwas von der Gegend entfernt sei, könnten sie sich zurückziehen und zu den guten Christen gehen. Und als sie ihm sagte, von was sie leben sollten ..., antwortete Ramundus, daß, wenn sie mit ihnen seien, würden diese für sie Fürsorge tragen und ihnen genug geben, wovon sie leben könnten. Und da die Zeugin damals schwanger war, sagte sie Ramundus, was sie tun könne mit jenem Kind, das sie trage, wenn sie mit ihm zu den guten Christen ginge, Ramundus antwortete, daß, wenn sie bei den guten Christen gebäre, ihr Sohn ein Engel sei von Gott ..., weil er von jeder Sünde gekommen sei, weil er nicht mit den Menschen dieser Welt Umgang gehabt hätte, und sie könnten ihn vollkommen in ihrer Sekte erziehen, weil der Junge von keiner anderen Sekte gehört hätte." Die Zeugin schlägt widerwillig vor, mit anderen Frauen eine Wallfahrt vortäuschen zu können, um eine Entschuldigung zu besitzen, „die sie nicht hätte, wenn sie, die damals noch jung war, mit Ramundus zöge, weil die Leute sofort über sie reden würden, daß sie das Land verließen, um das Maß ihrer Genußsucht voll zu machen."[96] Rücksicht auf die Familie, insbeson-

---

[96] Ibid., fol. 37 c–38 a.

dere auf die Kinder, Sorge um den Lebensunterhalt, Angst vor der Rache des verlassenen Mannes und schließlich der Verlust des guten Rufes in der Öffentlichkeit – dies sind alles Gründe, die Frauen vor dem Weg zu den Perfekten zurückschrecken lassen konnten. Beatrix verlor das Interesse an der Lombardeireise allerdings endgültig, als sie den Kastellan eines Nachts unter ihrem Bett versteckt fand und jedes Vertrauen in seine Worte verlor.

3.4. Reisen in die Lombardei

Trotz ihres Scheiterns gibt die geschilderte Werbung die Gründe an, die Menschen dazu veranlassen konnte, sich den Perfekten anzuschließen. Der Weg der Nachfolge Christi in Armut stand auch den Frauen offen. Die Lombardei mit ihren Städten, die im Spannungsfeld zwischen Kaiser und Papst im Kampf um ihre Selbstbestimmung auch „Häretiker" tolerierte, erscheint als „utopisches" Land. Auskünfte über die Lombardei brachten vor allem Kaufleute mit. Ein Zeuge „sagte, er habe selbst gehört, daß in der Lombardei den Häretikern nichts Schlechtes geschehe, noch den Juden und Sarazenen, noch sonst jemandem, der auf ehrliche Weise arbeite."[97] Andere Quellen berichten von Frauen, die nicht zögerten, sich in dieses verheißungsvolle Land zu begeben. Guillelma Bec aus dem kleinen Dorf Caussou berichtet 1322, „es sei 50 Jahre ungefähr her, wie ihr schiene ... da Aladaycis, die Tochter des verstorbenen Arnaldus Becardis aus Caussou und Zwillingsschwester der Jordane, Witwe des Petrus Rauzi, der Mutter der Zeugin, mit Gauzia, der Tochter des Aycredis Auruz aus Caussou und Frau des Ramundus Salerii de Perlis mit zwei Kindern der Aladaycis, d. h. Simon und Matheldis, aus diesen Gegenden gegangen seien und, wie sie sagten, in die Lombardei zogen, und sie wisse nicht und habe nicht gehört, was erzählt wurde, ... warum und wozu jene Frauen mit den Kindern in die Lombardei gegangen wären ... Darauf, ungefähr vor 25 bis 30 Jahren, könnte es gewesen sein, ... sei jener Simon, der schon ein junger Mann geworden war, mit einer lombardischen Frau nach Caussou ge-

---

[97] Ibid., fol. 149d.

kommen ..."[98] Hier sind also Frauen noch vor der Mission der Auteriis aus eigenem Antrieb in das gelobte Land des Katharismus aufgebrochen. Leider sind die Auskünfte über die Auswanderinnen zu knapp, um auf mögliche ökonomische Gründe, die die Reise mitbegründeten, zu schließen. Die Erwerbsmöglichkeiten in den lombardischen Städten mag neben religiösen Gründen eine Rolle gespielt haben.[99]

4. Katharische Theologie und Anthropologie

4.1. „Deshalb wird nie eine Frau den Himmel betreten ...": Der Mythos vom Engelfall

Was machte den Katharismus nun so anziehend, daß Menschen, insbesondere auch Frauen, ihr Leben für diese Bewegung aufs Spiel setzten? Es liegt nahe, zunächst nach den Kriterien zu fragen, die die „Sekte" von der katholischen Kirche am weitesten unterschieden. Dies ist ohne Zweifel die in Mythen sich entfaltende Theologie und Anthropologie der Katharer. Ist nach Tertullian (adv. Marcion I, 2) die Frage nach der Herkunft des Übels Grundlage jeder „Häresie", so gehen die Katharer in ihrer Beantwortung weiter als die meisten ihrer „häretischen" Vorläufer. Es ist nicht interessant, *wie* das Übel in die Welt kam, sondern die Welt ist *per se* schlecht, und es kommt darauf an, wie man aus ihr entkommen kann. Die ganze Schöpfung in ihrer Vergänglichkeit und Sterblichkeit ist das Produkt eines Demiurgen, der keinerlei Gemeinsamkeit mit dem „Gott der Wahrheit und Gerechtigkeit", dem „Vater der guten Geister", besitzt, der mit seinen rein intelligiblen Geschöpfen, den Geistern, eine ferne, transzendente Welt bewohnt. Ob der Erschaffer der materiellen Welt nun als ein abgefallener Geist oder als ein von Ewigkeit existierendes Prinzip gedeutet wird – die Welt ist schlecht.[100] Dies kön-

---

[98] Ibid., fol. 191 c.
[99] Vgl. Eugène Dupré-Theseider. Le catharisme languedocien et l' Italie. In: Cathares en Languedoc. Cahiers de Fanjeaux 3. Toulouse/Fanjeaux 1968, pp. 299–316.
[100] Zum Dualismus vgl. Borst, Katharer, pp. 110–113.

nen auch Hirten und Bauern sofort begreifen: Wölfe, Schlangen, Insekten – sie können nicht dem wahren Gott zur Last gelegt werden.[101] Ja, auch mit auf den ersten Blick erfreulichen Erscheinungen hat er nichts zu tun: Wachsen, Blühen, Hervorbringen – und damit auch Vergehen – sind nicht sein Werk.[102] Ein Vergleich von Altem und Neuen Testament – auf eigene Art und Weise ausgelegt – bestätigt diese Sicht: Es gibt ein Prinzip, das Kriege und Tötungen befiehlt, und den Gott Christi, der nur Liebe und Frieden will. Seine Spuren finden sich außer in den Evangelien und Apostelbriefen auch noch teilweise in den Psalmen, Propheten und Weisheitsbüchern.[103] Geistige und materielle Welt wären auf Ewigkeit streng geschieden, wenn es keine Menschen gäbe. Diese sind zwar Lehmgebilde, erschaffene Körper, aber in ihnen lebt ein Geist, der sich aus seiner materiellen Hülle herauswünscht. Wie ist dieser sehnsüchtige Zeuge einer höheren Welt nun in die Materie geraten? Die Katharer antworten nicht mit Lehrsätzen oder einer logisch deduzierbaren Dogmatik auf dieses Problem, sondern suchen ihm mit einer Fülle von Erzählungen und Mythen gerecht zu werden, denen eine logische Betrachtungsweise nicht gerecht wird. Fest steht, daß die Geister der Menschen aus dem Himmel, vom „Vater der Geister" stammen. Nach einigen Traditionen sind sie nach einem Angriff des bösen Prinzips von dort mit einem Schwanzschlag des apokalyptischen Drachens heruntergefegt worden.[104] Für die letzten katharischen Prediger spielte das Motiv des Aufstands allerdings nur eine untergeordnete Rolle. Bei ihnen herrschte – und dies ist in Hinsicht auf die katharische Sicht der Frau besonders wichtig

[101] Fournier, fol. 42 cd; 69 c–70 c; 71 bc; 72 a; 76 a; 140 cd.
[102] Ibid., fol. 123 bd; 128 b; 235 c.
[103] Duvernoy, op.cit., pp. 41 ff.
[104] Vgl. Ignaz von Döllinger, Beiträge zur Sektengeschichte des Mittelalters. Bd. 1. Geschichte der gnostisch-manichäischen Sekten im frühen Mittelalter. New York o. J., p. 137. Biblische Grundlage des Aufstandsmotivs: Jes 14, 13; Apk 12, 7–9; 14, 20. Belege bei Fournier, fol. 39 d; 222 a; 268 d. Allgemein zu den katharischen Mythen: Borst, Katharer, pp. 143–151. Duvernoy, op.cit., pp. 59–61; 72 ff.
Zum ganzen: J.-M. Vidal, Doctrine et morale des derniers ministres albigeois. RQH 1909, Nr. 85, pp. 357–409; Nr. 86, pp. 5–48.

– eher das Motiv der „Verführung" vor. Werfen wir daher einen Blick auf eine Predigt des Jacobus Auterii, an die sich ein Zuhörer erinnert:

„Nun wollen wir vom heiligen Vater sprechen! Seht, was der heilige Vater sagt: Als der Satan mein Reich betrat, gab er zu bedenken, daß er, Satan selbst, ein schöneres Reich besäße als ich, indem er den Geistern in meinem Reich sagte: ‚Dieser Herr gibt euch nur ein Gutes, nämlich Ruhe, ich aber', sagte Satan, ‚werde euch in meine Welt führen, und ich werde euch Rinder, Kühe und Reichtümer im Überfluß geben, und ich werde euch eine Frau zur Gefährtin geben, und ihr werdet eure Häuser haben, und ihr werdet eure Kinder haben, und ihr werdet euch mehr über ein Kind freuen, das ihr selbst habt, als über diese ganze Ruhe, die ihr hier habt, und einer der euren wird der Herr sein und ein anderer, und ihr werdet etwas machen und zerstören können.'"[105]

Von Auterii behauptete eine Zeugin, er predige „wie ein Engel" (202 a), während Belibasta als miserabler Prediger galt. Doch auch er verstand es, seine Erzählungen blumig auszugestalten. Seine Schilderung des Engelsturzes entspricht im wesentlichen der Auteriis, geht aber auf die Rolle der Frau noch weiter ein. „Und er ›der Satan‹ fing darauf an, die Frauen sehr zu loben und die fleischlichen Freuden, die sie selbst mit der Frau haben könnten, und da fragten die Geister ihn, was für Dinge denn Frauen seien, und er beantwortete ihnen, was Frauen seien, und wenn sie eine der Frauen sehen wollten, die er ihnen zu geben versprach, würde er ihnen eine herbeibringen, daß sie sie sähen … Und nach einiger Zeit führte er eine sehr schöne Frau von guter Gestalt herbei, mit Gold, Silber und wertvollen Steinen geschmückt, und führte sie in das Reich des heiligen Vaters und versteckte sie, damit sie der heilige Vater nicht sehe. Und jene Frau hielt er den guten Geistern vor Augen. Als sie sie sahen, wollte jeder, von Begierde entflammt, sie haben. Als der Satan dies sah, führte er die Frau mit sich aus dem Reich des himmlischen Vaters, und die Geister, von Begierde nach der Frau entflammt, folgten dem Satan und besagter Frau." Die Geister fallen neun Tage lang wie Regen durch ein

---

[105] Fournier, fol. 251 a.

Loch im Himmel, bis es der himmlische Vater verstopft. „Auch schwor der heilige Vater, daß, weil durch eine Frau sein Reich so gestört wurde und von seinen Geistern verlassen, in Zukunft keine Frau sein Reich betreten solle."[106]

Müssen wir nach diesen Aussagen die katharische Lehre als frauenfeindlich einstufen? Zunächst bietet das Verführungsmotiv Anlaß, nach einem, einer Schuldigen zu suchen. Das Grundmotiv, der Verlust des Urzustandes der „Ruhe" und „Einheit" in Bewegung, Veränderlichkeit und Vielheit wird in soziale Metaphern gekleidet. Besitz, Macht, Herrschaft verheißt der Verführer.[107] Der Zerfall der Einheit beginnt mit der angedeuteten Spezifizierung in „Mann" und „Frau", dabei spielt es keine Rolle, daß nach den Gesetzen der Logik die Geister alle „neutral" sein müßten, Frau und Mann als „Körper" erst auf der Erde geschaffen werden. Die Frau wird nicht abwertend oder abstoßend geschildert, die Schönheit des Körpers und die Freude an der Ehefrau sind Zuhörern und Zuhörerinnen Werte, die ihnen die Begierde der Engel verständlich machen. Doch die Konkupiszenz der Engel nach „Besitz" kulminiert im Begehren der Frau, die sie alle „haben" wollen (122 d). Sie repräsentiert auch die „Materie", in die die Geister gelockt werden sollen, ja sie selbst ist ein Werk des Bösen.[108] Die Geister werden implizit als „männlich" gedacht, wobei die traditionelle Identifikation von „männlich" und „geistig" weitergeführt wird. Doch die katharische Anthropologie ist zu differenziert, um sich auf plumpe „Misogynie" reduzieren zu lassen. Verfolgen wir daher den weiteren Leidensweg der gefallenen Geister, über den Belibasta Auskunft gibt. Auf Erden angekommen, fühlen sich die Geister traurig und betrogen, wenn sie sich an ihre frühere Herrlichkeit erinnern. Schnell fertigt das böse Prinzip Mäntel an, in die gehüllt sie ihre Herkunft vergessen und mehr oder weniger dumpf dahinleben. Der himmlische Vater selbst beklagt ihr Los, „die ihr herabgestiegen seid

---

[106] Ibid., fol. 122 c–123 a.
[107] Hierbei handelt es sich um einen Topos, vgl. Döllinger Bd. 2. Dokumente vornehmlich zur Geschichte der Valdesier und Katharer, p. 32.
[108] Nach anderen Fassungen verkleidet sich der Teufel selbst als Frau; Fournier, fol. 209 c; 268 c.

und in den Dienst einer fremden Gottheit getreten seid auf einer Erde, die nicht euer ist, wo ihr Räude und Rauheit, Schlechtes und Niedergeschlagenheit haben werdet in der fremden Welt, weil ihr mit den Reichtümern, die euch Satan geben wird, nicht zufrieden sein werdet, wieviel ihr auch haben werdet."[109] Stirbt ein Mensch, so wechselt der Geist rasch das Gewand, d. h. er geht in den nächst erreichbaren Embryo ein, den man sich als unbeseelte Hülle im Leib der Mutter dachte. Ob es sich dabei um eine männliche oder weibliche, ja sogar tierische Umkleidung handelt, ist dem verschreckten Geist egal, so eilig ist es ihm um seine Bekleidung. Auch entscheidet sein Vorleben über die Qualität der neuen Verkörperung (123 a). Erlöst wird der Geist von seiner endlosen Wanderung, wenn er sich seiner himmlischen Herkunft erinnert und sich durch Askese vom Körper löst. Diese Möglichkeit eröffnete ihm das Engelwesen Christus, das einen Scheinleib annahm, um das böse Prinzip zu besiegen. Seine Nachfolge haben die Apostel und in der Gegenwart die Perfekten angetreten. Die Beliebigkeit und Vergänglichkeit der Körper müßte auch die Geschlechtsunterschiede relativieren. Der beste Freund Belibastas erinnert sich, er habe gehört, „daß die Seelen ›eigentlich: Geister‹[110] von Männern und Frauen die gleichen wären und unter ihnen kein Unterschied herrsche, sondern der ganze Unterschied zwischen Mann und Frau bestehe im Fleisch, das der Satan gemacht habe. Und so, wenn die Seelen von Männern und Frauen das Fleisch ablegten, bestehe zwischen ihnen kein Unterschied; und etwas anderes habe er von ihnen ›Belibasta und Tavernerii‹ nicht gehört, daß Gott gesagt, keine Frau würde sein Reich betreten."[111] Andere Zeugen bestehen dagegen darauf, daß auch eine geweihte Frau vor ihrer Aufnahme in das Paradies in einen Mann verwandelt werden

---

[109] Ibid., fol. 251 a.
[110] Unter „Seele", *anima*, verstanden die Katharer ein animalisches Lebensprinzip, das mit dem Körper zugrundegehe. Der Zeuge meint in diesem Fall „Geister". Der Geist ist im Menschen für Verstandesfunktionen, Wünsche und Träume zuständig, entspricht demnach unserer gängigen Vorstellung von „Seele" (Fournier, fol. 269 b).
[111] Fournier, fol. 269 bc.

müsse. [112] Damit ist sicher nicht eine körperliche Wiedergeburt gemeint und einer Frau somit die direkte Erlösungsfähigkeit abgesprochen, vielmehr konnte man sich auch die Geister nicht ohne einen geistigen „Leib" vorstellen. Johannes, Bruder des Belibasta-Freundes Petrus Maurini, will gehört haben, „daß alle Geister, die im Himmel bei dem Vater der guten Geister blieben, geistige Körper und Glieder, Fleisch und Knochen hätten gleichwie irdische Körper." [113] Bei der Frage, ob eine „Frau" den Himmel betreten dürfe, handelt es sich nicht um eine Diskussion bezüglich ihrer Erlösungsfähigkeit, sondern um das Problem, ob es im Paradies unter den intelligiblen Körpern noch Geschlechtsunterschiede gäbe. Die Katharer beantworten die Frage negativ: Alle Geister waren „männlich" und werden es sein. [114]

Die negative Rolle, die die Frau in der Engelfallgeschichte spielt, ist durch die pessimistische Sicht der Sexualität durch die Katharer mitbedingt. Diese dokumentiert sich auch in einer eigenen Version der biblischen Sündenfallgeschichte, die ebenfalls in Predigten verbreitet wurde. Der bereits erwähnte Johannes Maurini will „von irgendjemand" gehört haben, daß Gott Adam aus Erde, Eva aus seiner Rippe geschaffen und ihnen verboten habe, vom Paradiesbaum zu essen. Der vom Himmel gestürzte Lucifer habe Eva zum Essen des Apfels verleitet, die wiederum Adam die Frucht gab, die ihm im Halse stecken blieb (218 d).

Die katharische Stellung zur Frau bleibt so zwiespältig: Einerseits haben Männer wie Frauen die gleichen, ebenbürtigen Geister und die Geschlechtsunterschiede sind Werk des Demiurgen und

---

[112] Ähnliches Gedankengut von der Wandlung der „Frau" in einen „Mann" begegnet bereits in gnostischen Texten: Thomas-Evangelium 106; 114; weder männlich noch weiblich: Thomas-Evangelium 22; 2. Clemensbrief 12, 1–2; Trennung in Mann und Frau als Ursünde: Thomas-Evangelium 78.
[113] Fournier, fol. 220 c; vgl. 223 c. Zu älteren Aussagen über eine „Welt" im Himmel: vgl. Dölliner, op. cit., Bd. 2, p. 33.
[114] Hierbei handelt es sich nicht um ein Kuriosum der katharischen Mythologie. Bereits in der Alten Kirche wurde nach dem Geschlecht der auferstandenen Körper gefragt, wobei asketisch gesinnte Denker wie Hieronymus für die Gleichheit der himmlischen Körper (ad Jov. 1, 36; in Eph 5, 29; apol. 1, 29), Augustin dagegen für die Restauration des weiblichen Körpers plädierten (CD 22, 17).

daher vergänglich. Mann und Frau können gerettet werden, wenn sie sich von der Materie lösen, beide haben dabei gleichermaßen mit ihrem Körper zu kämpfen. Eine seelische Minderwertigkeit der Frau wird, wie etwa in der Scholastik, von den Katharern nicht postuliert. [115] „Perfekte" Frauen erhalten die petrinische Schlüsselgewalt ebenso wie Männer. Doch in ihrer Furcht vor Sexualität, die an diese Welt bindet und ihren Kreislauf fortsetzt, übernehmen die Katharer die gängige Bewertung des weiblichen Körpers als Ursache der Begehrlichkeit. So sehr man in anderen Fällen auch an die Einsichtsfähigkeit der Menschen appelliert – in ihm liegt die eigentliche „Schuld", nicht im Denken des Mannes. Doch trotz dieser Abwertung der Frau, verläuft die entscheidende Grenzlinie zwischen den Geistern zwischen den Polen „gut" und „böse", „einsichtig" und „nicht einsichtig." Eine Frau, Sibylia Petri, die die Auteriis oft bewirtet hat, verlegt die Differenzierung zwischen den Geistern in einen sozialen Kontext. Alle Geister würden einmal in den Himmel zurückkehren, „aber dennoch, die Bischöfe und anderen höheren Kleriker, da ihre Geister Ratgeber waren und den Vorschlag machten, daß die Geister den Himmel verließen, werden mit großen Schwierigkeiten ... zum Himmel zurückkehren, aber die einfachen Menschen, weil sie übereilt und praktisch von den anderen getäuscht, zustimmten, den Himmel zu verlassen, werden schnell und leicht zum Himmel zurückkehren." [116] Die Aussage dieser Gläubigen deutet an, daß im Mittelpunkt des Interesses der Gläubigen nicht die katharische Mythologie, von der sie oft nur Bruchstücke wußten, stand, sondern eine dem bequemen Weg der Kleriker entgegengesetzte Lebensweise, wie sie in den Perfekten repräsentiert war.

---

[115] Vgl. hierzu: Klaus Schreiner, „Si homo non pecasset ..." Der Sündenfall Adams und Evas in seiner Bedeutung für die soziale, seelische und körperliche Verfaßtheit des Menschen. In: Gepeinigt, begehrt, vergessen. Symbolik und Sozialbezug des Körpers im späten Mittelalter und der frühen Neuzeit. Ed. Klaus Schreiner / Norbert Schnitzler. München 1992, pp. 41–84; pp. 49; 74 Anm. 40. Vgl. auch Ketsch, op.cit., p. 78.
[116] Fournier, fol. 202 b.

4.2. Die Abschaffung der weiblichen Symbolik: Die Kritik des Marienkultes

Die dualistische Weltsicht und scharfe Kirchenkritik ließen die Katharer auch alle materiellen Repräsentationen des Heiligen verwerfen: Messe, Liturgie, Kreuze und Heiligenbilder. Die Darstellungen der Heiligen galten ihnen als *ydola,* deren Verehrung als sinnlos. Die Apostel und Märtyrer wurden als Vorbilder der Perfekten geachtet, während andere beliebte Heilige wie Antonius und Martialis, mit dem „Feuer" als Krankheitsbezeichnung in Verbindung gebracht, ihnen als „schlecht" galten (271 c). Diese Ablehnung mußte besonders den verbreiteten Marienkult treffen. Zunächst galt die Anrufung Mariens, analog zur Verehrung der Heiligen, als nutzlos. Einer Frau, die Maria um die Aufdeckung von Dieben in ihrem Haus bat, entgegnet ein katharisch gesinnter Beamter „lachend": „Würde die selige Maria nicht eine größere Sünde begehen, wenn sie die Person offenbarte, die die vier Solidos gestohlen habe, weil dadurch die Person zur Bestürzung und Gerechtigkeit ›d. h. der Todesstrafe‹ geführt werde, auch wenn du die vier Solidos durch die Maria nicht zurückerhälst."[117] Ein anderer Zeuge berichtet, „als ›er‹ ... die Kirche der seligen Maria von Monteserrat besuchen wollte und es dem Häretiker bei Morella sagte, antworte der Häretiker: ‚Ho, du bist wirklich töricht, weil du deine Schritte umsonst tust, weil der Berg von Morella[118] eine so große Tugend besitzt wie der von Monteserrat."[119] Die traditionelle Rolle der Heiligen meinten die Perfekten als lebende Personen viel besser auszufüllen. Der Hirte Petrus Maurini, der eben zu Wort kam, spendet „ein Wollfell dem heiligen Antonius, das andere Vlies der seligen Jungfrau von Montaillou."[120] Er wird von einem Perfekten heftig getadelt, denn die „guten Menschen" als lebende Heilige hätten die Wolle nötiger. Maria wurde allerdings nicht nur im Zuge des Bilderverbots abgelehnt, der Wi-

---

[117] Ibid., fol. 35 d.
[118] Morella, der Wohnsitz des letzten katharischen Perfekten, ist eine auf einem Granitkegel gelegene Stadt in Katalonien; vgl. Tot Morella. Ed. Manuel Milián Mestre. Barcelona 1991.
[119] Fournier, fol., fol. 271 c.
[120] Ibid., fol. 249 b.

derstand gegen ihre Verehrung ging tiefer und hatte nicht zuletzt in ihrem Frausein den Grund. Nach katharischer Lehre konnte Sohn Gottes nur ein Engel, der in keinem materiellen Leib gefangen war, sein, solch ein geistiges Wesen konnte unmöglich in „so etwas Schändlichem wie einer Frau" entstanden sein.[121] „Es schien dem Zeugen, der Häretiker habe gesagt, daß Maria aufgeschwollen war als wäre sie schwanger, und später erschien der Knabe an ihrer Seite, und man dachte, weil ihre Dickleibigkeit aufgehoben war, daß sie den Sohn geboren habe, obwohl sie ihn nicht im Leib getragen noch geboren habe", versucht sich Petrus Maurini einen Reim aus den differierenden Lehren der Perfekten zu machen.[122] Grundsätzlich ist allen Anschauungen gemeinsam, daß der Erlöser nicht in einem leiblichen „Gefängnis" stecken durfte, nicht leiden konnte und schon gar nicht im Bauch einer Frau ausgetragen wurde. In der Bestreitung der leiblichen Geburt drückt sich die ganze Abscheu vor dem weiblichen Körper, der „Befleckung" durch sein Blut sowie die Fruchtbarkeit, die die irdische Gefangenschaft verlängert, aus. Nicht nur die Mutterschaft wurde bekämpft, sondern auch ihr Symbol. Der Sohn Gottes hat einen Vater, aber keine Mutter. „Man fragt sich aber auch, ob die Leugnung irgendeiner Rolle Marias in der Heilsökonomie nicht wenigstens in einem negativen Sinn einen praktischen anti-weiblichen Effekt zum Ausdruck gebracht hat," fragt McLaughlin.[123] Aber auch alle anderen mit Maria verbundenen Aspekte, so ihre vorbildliche „Jungfräulichkeit" aber auch ihre erlösende Funktion, wurden geleugnet. Das katharische Universum bleibt geistig und „männlich", im buchstäblichen Sinne des Wortes „blutlos". Maria als weibliche Identifikationsfigur oder als freundliche Helferin hatte darin keinen Platz. Ganz konnten die Perfekten ihre hohe Bedeutung nicht ignorieren: Nach manchen Aussagen galt auch Maria als „vom Himmel gestiegen" (234c), nach anderen als Symbol der wahren Kirche der Gläubigen.

---

[121] Ibid., fol. 202d; Theorien zur Menschwerdung: 42d; 43c; 52a; 76b; 125cd; 167c; 219b; 221a.

[122] Ibid., fol. 125c.

[123] McLaughlin, op.cit., p. 37.

5. „Es sind gute Menschen ...": Die Motive der Gläubigen

Warum ist es für Männer wie Frauen so wichtig, die Perfekten zu „sehen" und ihre Predigten zu hören, wenn sie sich schon nicht selbst weihen ließen? Der überwiegenden Mehrheit der Aussagen zufolge richtete sich das Interesse der Gläubigen nicht so sehr auf die Lehre und die Mythologie der Katharer, sondern auf die in der Person der Perfekten bezeugte Wahrheit: „Warum hat Guillelmus ›Auterii‹ also seine Frau und Söhne und was er hatte verlassen, wo er doch eine hübsche Frau und Söhne von ihr hatte, und er sei sehr reich gewesen und verdiente recht gut, und er versteckt sich nicht nur, sondern traut sich auch nicht, offen durch das Land zu reisen?" verwundert sich die Käsehändlerin Alazais Ademarii bei einem Gespräch am Rande des Verkaufs. „Guillelmus habe die Welt verlassen und hielte den Weg Gottes ein, welcher der einzige Weg sei, den Guillelmus hielte, weil er selbst kein Fleisch äße, kein Fett, Käse, Eier, Milch und im Jahr drei ‚Quadragesima'-Fasten hielte und sogar drei Tage pro Woche bei Brot und Wasser faste, und er ist von ehrbarem Leben, weil er weder eine Frau berührt noch lügt noch etwas Lebendiges tötet, und er erleidet viele Verfolgungen für Gott und hat die Macht, Seelen zu retten mit Gott wie auch die Apostel, indem er Worte sage, die Christus den Aposteln sagte ..."[124] Diese Aussage steht stellvertretend für viele ähnlich lautende. Im Mittelpunkt steht die Lebensweise des Perfekten, der in Wort und Tat der Praxis Christi und der Apostel folgt. In seiner Rigorosität übertrifft er die Kleriker, „Bischöfe, Priester, Prediger- und Minderbrüder, die in die Häuser der reichen, jungen und hübschen Frauen kommen, von denen sie Geld erpressen, und wenn sie bei ihnen Zustimmung finden, schlafen sie fleischlich mit ihnen und das alles unter dem Anschein der Niedrigkeit. Aber die guten Menschen fassen eine Frau nicht einmal an", weiß die gläubige Witwe Guillelma Maurini zu berichten.[125] Die Perfekten verbreiteten diese stereotype Polemik gerne selbst und leiteten ihre Predigten oft mit heftiger Kritik der Kir-

---

[124] Fournier, fol., fol. 59 c.
[125] Ibid., fol. 121 a.

che, ihres Reichtums und ihrer Verfolgungspraxis ein. Ihr akribisch genaues Nachleben der erkannten Wahrheit Jesu und der Apostel legitimierte dabei den Anspruch, allein als „Kinder" Gottes zu gelten. Nur die Perfekten dürfen Gott „Vater" nennen und das Vaterunser beten, aber „wir ›Gläubigen‹ und die anderen begehen eine Todsünde, wenn wir das Vaterunser sprechen, weil wir nicht auf dem Weg der Wahrheit sind, weil wir Fleisch essen und mit Frauen schlafen", bekennt ein Zeuge. [126] Die Gläubigen, die nicht auf dem „Weg der Wahrheit und Gerechtigkeit" wandeln, sind auf die Fürsprache der Perfekten angewiesen. Alle christlichen Ideale und Tugenden werden von ihnen an die Perfekten delegiert, die sie „stellvertretend" auf sich nehmen. Die Perfekten ersetzen als lebendes Beispiel die Heiligen, die die Menschen nur in Bildern vor sich haben. „Sie sagten auch, sie selbst seien die Kirche Gottes, aber die anderen Kirchen seien Häuser der Idole", weiß eine Zeugin zu berichten. [127] „Überall, wo zwei der guten Menschen, das heißt der Häretiker, seien, sei in ihrer Mitte Gott," bezeugt eine andere. [128] Das Suchen ihrer Nähe, die ihnen geleistete Spende ersetzt Ablaßzahlungen und Wallfahrten. Die Gläubigen erhoffen, in ihrer Nähe etwas vom Abglanz ihrer Heiligkeit zu empfangen. „Sie könne den Tag über nichts Schlechtes tun, an dem sie den Häretiker Guillelmus Auterii gesehen habe", vertraut Guillelma Beloti ihrem Schwiegersohn an. [129]

6. „Hast du schon einmal einen guten Christen gesehen ...": Die Rolle der Frauen in der Mission

6.1. Gespräche
Die letzten Perfekten konnten – ohne Schutz durch die weltliche Macht und die Masse ihrer Anhängerschaft – nicht mehr in aller Öffentlichkeit predigen. Selten und heimlich sprachen sie auf

---

[126] Ibid., fol. 123 d.
[127] Ibid., fol. 205 a.
[128] Ibid., fol. 294 b; vgl. Mt 18,20.
[129] Ibid., fol. 173 b.

einem Stein am Wege zu Männern und Frauen (72 a), in der Regel jedoch im Kreis weniger Zuverlässiger in der Sicherheit des Hauses, das ihnen gerade Zuflucht gewährte. Die eigentliche „Mission", die Benachrichtigung und Auswahl der Menschen, die einer Belehrung für würdig geachtet wurden, kam den *credentes* zu. Als „häretisch" verdächtiges Gedankengut, das noch nicht mit einer bewußten Werbung für die Perfekten, vielleicht auch garnicht mit Sympathie für den Katharismus in Zusammenhang stehen mußte, entschlüpfte Männern wie Frauen leicht in geselliger Gesprächsrunde.

Direkte Werbung für die Lehre der Perfekten richtet sich dagegen nicht so sehr auf die Vermittlung von Lehrinhalten oder Bruchstücken daraus, sondern in erster Linie auf die Person und das Vorbild der Perfekten. Die Gelegenheit hierzu ergibt sich in unterschiedlichen Situationen. So wurden Neuigkeiten und Gerüchte, insbesondere über andere Menschen, von Männern wie Frauen gleichermaßen gerne ausgetauscht. Den Brüdern Auterii eilen Spekulationen über den Grund ihrer Lombardeireise – Schulden, Lepra oder Häretifikation? – sowie über ihre Rückkehr voraus. Ein für diesen Kontext typisches Gespräch führt z.B. die Käsehändlerin Alazais Ademarii auf einer ihrer Geschäftsreisen mit einer Verwandten: „‚Verwandte, wißt ihr etwa nicht, daß diese Auteriis zurück sind?' Und sie antwortete: ‚Und wo sind sie denn hingegangen?' Worauf Galharda antwortete: ‚In die Lombardei, wo sie sich, wegen all der Schulden, die sie hätten, zu Häretikern weihen ließen.' Und da sagte die Zeugin: ‚Was für Leute sind denn ‚Häretiker'?' Und Galharda sagte, daß es gute und heilige Menschen seien, und sie selbst antwortete: ‚Im Namen des Herrn, das kann gut sein,' und ging von ihr fort."[130] Dieses Gespräch steht exemplarisch für eine Fülle gleichlautender Aussagen, wie sie Verwandte und Nachbarn wie Nachbarinnen untereinander austauschten. Die Fragen um Abreise und Rückkehr der Brüder Auterii bereiteten unter der ehemaligen Nachbarschaft den Boden, sich mit der „Häresie" der Heimkehrer zu beschäftigen.

Gespräche mit Menschen, „die etwas wußten", ergaben sich für

---

[130] Ibid., fol. 60 d; vgl. 117 a.

Männer wie Frauen oft bei der gemeinsamen Arbeit, für letztere auf dem Feld (65 a–c), beim Wäschewaschen (163 a), Wasserholen (162 d; 243 a; 245 c), Textilarbeiten (191 d; 237 c), aber auch beim gemütlichen Gespräch vor dem Haus. Im Blickpunkt steht dabei die Person der Perfekten.

6.2. Zufällige Begegnungen

Wichtiger, als von der Person des Perfekten nur zu hören, ist allerdings, ihn selbst zu sehen und predigend zu erleben. Eine Begegnung kann dabei zufällig erfolgen. Alazais Ademarii, die bereits erwähnte Käsehändlerin, betritt ahnungslos das Haus der Familie Beloti in Montaillou „und fand dort die Häretiker Guillelmus Auterii und Pons Sicredi … Und als sie ›Guillelmus‹ sah, wollte sie sich zurückziehen und schreien …, aber Guillelma, die Mutter des Ramundus Beloti, hielt sie mit beiden Armen fest, indem sie sagte, sie solle ruhig sein und sich setzen. Sie sagte auch, sie solle nicht schreien …, denn es seien gute Menschen … und sie selbst sündige, wenn aufgrund ihres Geschreis diesen Menschen etwas Schlechtes zustoße, und daß das Haus des Ramundus Beloti deswegen zerstört werden könne." [131] Solch unvermutete Begegnungen kommen des öfteren zustande, da Frauen oft ihre Nachbarinnen aufsuchen, um sich etwas auszuleihen. Bruna Porcelli aus Montaillou, uneheliche Tochter des Pradas Tavernarii, ist arm und hat zwei Kinder zu versorgen. Oft begibt sie sich zu ihrer Nachbarin Alazais Riba, die ihr bereitwillig Brot, Nahrung für die Kinder oder Stoff überläßt (77 d; 78 ab; 79 b). Bruna hat so Einblick, was im Haus der Alazais und ihres Sohnes, beides treue *credentes*, vor sich geht. Eines Tages will sie ihren mageren Speiseplan durch einige aus dem Nachbarshof gestohlene Rüben ergänzen und stößt dabei auf den eigenen Vater. „Als er sie sah, sagte er ihr: ‚Warum stiehlst du Rüben?‘ Und sie antwortete, daß sie sie deswegen stehle, um sie ihren Kindern zu kochen und zu geben, und der Häretiker sagte, daß sie schlecht handle, wenn sie Rüben nehme, ohne daß die aus dem Haus etwas wüßten." [132] Be-

---

[131] Ibid., fol. 58 b.
[132] Ibid., fol. 77 d.

schwichtigungen und die Bitte, zu schweigen, folgen oft auf derartige Zufallstreffen. Insbesondere Mägde sind darüber informiert, was sich in den Häusern ihrer Dienstherren unbemerkt ereignet, sie entdecken „zufällig" versteckte Perfekte oder belauschen deren Gespräche.[133] Ihnen kommt als Zeuginnen besonderes Gewicht zu, denn sie wissen, wer im Hause ein und aus ging.

6.3. Kranken- und Trauerbesuch

Neben diesen unverhofften Begegnungen steht die bewußte Einladung, einen Perfekten kennenzulernen. Sie erfolgt von Freundin zu Freundin, von Nachbarin zu Nachbarin, aber auch in rein männlichen oder gemischtgeschlechtlichen Konstellationen. Eine typische Situation ist dabei der Kranken- oder Trauerbesuch. Insbesondere der Tod kleiner Kinder gibt Nachbarn und Nachbarinnen den Anlaß, von der Lehre der Perfekten zu sprechen. Guillelmus Austatz aus Ornolac hat schon mehreren Frauen Trost gespendet. Er erinnert sich: „daß Bartholomea ... aus Vicdessos, die damals in seinem Hause weilte (oder war es Alazais, die Frau des Petrus de Bordas?) einen Sohn verlor, den sie tot neben sich im Bett fand ... und als die Frau weinte und um den Tod des Kindes klagte und trauerte, sagte er der Frau ... sie solle nicht klagen noch weinen."[134] Guillelmus weiht die Trauernde in die Wiedergeburtslehre ein. Trauer um Kinder oder erwachsene Angehörige ist häufig, nicht nur bei Frauen, ein Anknüpfungspunkt für ein Gespräch über die Seelenwanderung oder die rettende Macht der Perfekten.[135] Auch Krankheit eines Familienmitgliedes gibt Gelegenheit, auf die Perfekten aufmerksam zu machen. Gauzia Clerici aus Montaillou hat große Sorgen, die sie dem Nachbarn Guillelmus Beloti beim Wasserholen anvertraut: „Sclarmonda, ihre Tochter sei sehr schwach, sie habe viel für sie ausgegeben ... Guillelmus habe ihr geantwortet, er selbst werde um die Mittagszeit zum Haus der Zeugin kommen, um zu sehen, in welchem Zustand Sclarmonda, ihr Töchterchen, sich befinde, und wenn die

---

[133] Ibid., fol. 74 d; 75 b; 94 d; 95 ac; 256 c.
[134] Ibid., fol. 33 c.
[135] Ibid., fol. 33 cd; 34 d; 48 ab; 61 b; 78 c; 87 a; 91 c; 295 b.

Zeugin wolle, würde er selbst einen Arzt zu Sclarmonda führen, der sie heile, und als die Zeugin ihm antwortete, sie kümmere sich nicht darum, daß noch ein Arzt zu Sclarmonda käme ... weil viele Ärzte sie gesehen hätten, seit sie erkrankt sei, und von keinem von ihnen sei sie geheilt worden, antwortete Guillelmus, daß er nicht von solchen Ärzten geredet habe, sondern von solchen, die die Seele Sclarmondas retteten und ihre geklärte Seele zu Gott gelangen ließen, und aus diesen Worten ersah die Zeugin, daß Guillelmus die Häretiker als Ärzte bezeichnete."[136] Der Kontext des Kranken- und Trauerbesuchs macht nochmals deutlich, daß nicht in erster Linie die Lehre oder Mythologie der Katharer, sondern die heilbringende Funktion der Perfekten im Mittelpunkt des Interesses standen. Dies gilt auch für andere Situationen bewußter Anwerbung.

6.4. Die Rolle der Familie

Wichtigster Ort der Vermittlung ist neben Nachbarschaft und weiterer Verwandtschaft die Familie.[137] Obwohl gelegentlich Eltern von ihren erwachsenen Kindern auf die neue Lehre aufmerksam gemacht werden, verläuft die Weitergabe doch in der Regel von den Eltern auf ihre Kinder. Manchmal überraschen Kinder einen im Haus versteckten Perfekten, wie der kleine Ramundus Yssaura, der sich noch 13 Jahre später an ein unheimliches Erlebnis erinnert: „Er sah in seinem bzw. seines Vaters Haus, in einem abgelegenen Untergeschoß zwei Männer, die er nicht kannte ... und er fürchtete sich sehr, als er sie dort stehen sah. Und ihm kam gleich der Verdacht und er meinte, daß es sich um Männer han-

---

[136] Ibid., fol. 294 cd.
[137] Belehrungen von zu:
Elternhaus allgemein: 200 b; 214 a;
Vater: Tochter: 284 c;
Vater: Sohn: 214 bc;
Großmutter: Enkel: 240 ab;
Mutter: Tochter: 244 d; 245 bc;
Mutter: Sohn: 203 b; A 54 r;
Schwiegermutter: Schwiegersohn: 173 b;
Bruder: Schwester: 187 a; 245 a;
Bruder: Bruder: 249 a; AA 10 r;

dele, die für ihn Falschgeld anfertigen oder herstellen wollten, wie gesagt, weil er jung war und sah, daß die Männer an ihren Gürteln Messer oder Messerchen trugen, die ihm sehr gefielen und großen Eindruck machten."[138] Ramundus wird durch seinen Vater unterrichtet, daß es sich um „gute Menschen" handle, die Seelen retten könnten. Auch in anderen Fällen begegnen bereits erwachsene Töchter und Söhne den Perfekten im Kreis ihrer Eltern und Geschwister, die sie auch belehren. Typische Konstellationen solch eines Gesprächs gibt es nicht, doch fällt auf, daß Mütter oft ein großes Interesse daran haben, daß einer ihrer Söhne ein „guter" credens, vielleicht sogar ein Perfekter wird. Belesene Söhne können auch ihren Müttern eine gewisse Bildung vermitteln. Ein Nachbar zeigt Galharda Andorrani aus Ax und ihren Sohn bei der Inquisition an: „Jener Guillelmus las in einem Buch, das er hatte, und seine Mutter hörte ihn lesen. ‚Was ist das, was ihr lest'", fragt der Zeuge und darf in das Buch sehen: „‚Im Anfang war das Wort,' wobei das Evangelium aus Latein und Romanisch gemischt war, und so war das ganze Buch."[139] Mütter sind oft stolz auf ihre „gläubigen" Söhne: „Neffe, vielmehr Engel Gottes!" begrüßt Rixendis Gasc überschwenglich einen Verwandten, den sie auf dem Weg trifft. „Ach, Tante, ihr habt doch auch viele Söhne, ist da nicht einer darunter, der sein Gesicht auf den Weg Gottes richtet?" entgegnet der Begrüßte. Ja, sie habe einen Sohn, „er heißt Berengarius Vasconis und ist ein anständiger Mensch und von meinem Glauben und Gesetz", erwidert die Tante.[140] Das Verhältnis von Müttern und Söhnen ist oft sehr eng: Junge Männer werden von der Mutter belehrt, beide halten zusammen, wenn es gilt, die ungläubige Schwiegertochter aus dem Haus zu weisen. Töchter werden nicht weniger geliebt und oft schon als Kinder zu einer Begegnung mit dem Perfekten mitgenommen, doch schiebt sich zwischen die Verbindung von Mutter und Tochter der Ehemann, der, falls er nicht „gläubig" ist, den Ehrgeiz von Müttern oft bremst. „Bleib uns vom Leib, täglich stehst du da und glotzt!"

---

[138] d'Ablis, fol. 36 r.
[139] Fournier, fol. 53 b.
[140] Ibid., fol. 181 bc.

herrscht eine Mutter ihre auf Besuch kommende Tochter an, die mit einem Katharerfeind verheiratet ist.[141] Die Bestrebung, eine Tochter zur Perfekten zu erziehen, scheint den Zeuginnen und Zeugen fremd gewesen zu sein. Auch Söhne können sehr an ihren gläubigen Müttern hängen. Der Pfarrer Petrus Clerici bewundert seine Mutter, die ihm den Glauben nahegebracht hat. Sein Bruder, Bernardus Clerici, wendet dagegen seine Zuneigung eher seiner Schwiegermutter zu. Er gib an, er habe „aufgrund der Liebe, die er zu seiner Frau Ramunda gehegt habe, alle geliebt, die aus dem Haus seiner Schwiegermutter stammten und daher nichts getan, von dem er glaubte, es mißfiele seiner Schwiegermutter."[142] Solche Liebeserklärungen finden sich von Ehemännern selten. Frauen erfahren echte Sorge um ihr Seelenheil und detaillierte Auskunft über Geheimnisse der katharischen Lehre allerdings oft – von ihren Liebhabern. Hatte der Perfekte Petrus Auterii seine Geliebte Moneta mit in die Lombardei genommen, so unterrichteten auch Gläubige ihre Freundinnen in der Lehre. Wir haben bereits gesehen, wie Beatrix de Ecclesia von einem Verehrer auf die Perfekten verwiesen wurde, ihr späterer Liebhaber, Dorfpfarrer von Montaillou, weiht sie am Fenster, beim Lausen und im Bett in die katharische Mythologie ein. Ähnlich verfährt er bei einer anderen Geliebten.[143] Ordnen Ehemänner die Versorgung eines „guten Christen" durch die Ehefrau häufig einfach an, so versuchen Liebhaber ihre Freundinnen zu überzeugen (84 c). Das außereheliche Verhältnis kann durch die gemeinsame Überzeugung noch gefestigt werden, die schließlich zum Ausbruch aus der Ehe dient. Simon Barra, verlassener Ehemann aus Ax, macht auf einem Spaziergang einem Nachbarn gegenüber seinem Herzen Luft: „So, weil dieser Herumhurer Guillelmus Carot, der nun auf der Flucht ist, meine Frau Cicarda die Häretiker sehen ließ, sind jetzt beide in die Lombardei gegangen!"[144]

---

[141] Ibid., fol. 201 a.
[142] Ibid., fol. 173 c.
[143] Ibid., fol. 39 c; 56 d–58 d.
[144] Ibid., fol. 54; eine ähnliche Situation vgl. 37 c.

7. Die erste Begegnung

Was bedeutete nun dieses „Sehen", und wie wurde von Frauen die erste Begegnung mit den Perfekten erlebt? Nicht nur Eltern oder Liebhaber, sondern häufig auch Nachbarn und Nachbarinnen suchten Männern wie Frauen dies Erlebnis zu vermitteln.

Mengardis Alverii aus Lordat sucht Frauen in deren Haus auf, um sie zum „Sehen" eines Perfekten einzuladen. Sie fordert eine Klientin auf, „so viele Personen wie möglich herbeizuführen, damit sie sich in den Glauben und das Bekenntnis der guten Christen fügten, d. h. der Häretiker, weil je mehr sie zu diesem Glauben führen könne, desto mehr Verdienst sammle sie sich an."[145] Die erste Begegnung mit den Perfekten hatte zunächst die Aura des Geheimnisvollen. So suchte Guillelma Argelaris aus Montaillou einst das Haus des Ramundus Martini auf, um dort zu weben, und stieß dabei auf merkwürdige Fremde: „Wer waren die zwei fremden Männer, die ich am anderen Tag bei euch im Erdgeschoß entdeckt habe und die ihre Kleidung wegzogen, damit ich sie nicht berühre?"[146] Sie erhält die uns bereits geläufige Information über die guten Christen und verlangt, diese zu sehen. Der Nachbar entspricht ihrem Wunsch und weist sie an: „daß sie sich ein Stück entfernt von den Häretikern setzen solle, um sie nicht zu berühren, indem er ihr beim Setzen sagte: ‚He, he!', als sie sich neben die Häretiker setzen wollte." Der Perfekte verspricht ihr darauf, „wenn sie ihnen glauben wolle, würden sie ihr mit Gottes Zustimmung den Weg des Heils weisen."[147] Trotz der erwähnten Berührungsangst gegenüber Frauen lauscht Guillelma gerne der Kirchenkritik der Prediger und will ihnen ihr Seelenheil anvertrauen. Ihre Spende bringt die Perfekten allerdings in Verlegenheit: „Philippus wollte nämlich den Turonenser nicht aus ihrer Hand entgegennehmen."[148] Ein männlicher Gläubiger muß die Übergabe regeln, damit der Perfekte nicht die Hand einer Frau be-

---

[145] Ibid., fol. 101 a.
[146] Ibid., fol. 243.
[147] Ibid., fol. 243 c.
[148] Ibid., fol. 243 d.

rührt. Ungeachtet der für uns heute als Frauen diskriminierend scheinenden Vermeidung einer Berührung, warben Frauen unverdrossen Frauen an.

Die Perfekten selbst, zumal die Auteriis, achteten zunächst darauf, Lesekundige, d. h. in der Regel Männer, anzusprechen und mit ihnen zu disputieren, ebenso aber auch Männer wie Frauen, deren Haus Unterschlupf gewähren könnte. Dies galt zunächst für ihre Heimatstadt Ax. Guillamone, Tochter des jüngst verstorbenen Ramundus Garsen, sollte nach dem Tod des Vaters, dessen Haus den „guten Christen" offen blieb, dieses Erbe weiter führen. Nähere Bekanntschaft mit den Perfekten macht sie durch Sibylia den Balle, der Organisatorin eines „Häretikertreffs" in Ax. „Töchter, seid willkommen!" begrüßt beide Guillemus Auterii in seinem Versteck, „indem er ihr sagte, daß sie eine gute und verschwiegene Frau sei, und, wenn sie ihnen glauben wolle, würden sie sie auf den Weg des Heils führen."[149]

Die Perfekten zählen auf ihre Freundschaft und Verschwiegenheit, schenken ihr Kämme und Broschen und bitten sie um gelegentliche Beherbergung (A 22 r). Guillamone wird tiefer in den katharischen Glauben eingeweiht, neben Kirchen- und Sakramentskritik erfährt sie vom Dualismus der beiden Prinzipien und von der Wiedergeburt. „Sie sagten ihr, daß sie vielleicht einmal Königin gewesen sei."[150] Wer sollte solchen Schmeicheleien nicht glauben? Weniger Erfolg hatten die Auteriis allerdings mit ihrem Anliegen, die *credentes* durch Bücher zu belehren. Der Perfekte hatte „ein Buch, aus dem er bestimmte Texte las, die die Zeugin nicht verstand."[151]Hierbei handelt es sich nicht etwa um „weibliches" Unvermögen. Auch Männer erinnern sich an die Bücher der Perfekten und ihren kunstvollen Einband, selten aber an den Inhalt.[152] Die Auteriis zeigten einem Zeugen: „ein sehr schönes Buch, mit großen Bolognesischen Buchstaben und überall mit Azur und Purpur verziert, in dem die Evangelien auf romanisch

---

[149] d'Ablis, fol. 21 v.
[150] Ibid., fol 23 r.
[151] Ibid., fol. 23 v.
[152] Bücher (Bibel und katharische Schriften): Fournier, fol. 60 a; 295 a; 296 c; 314 v; d'Ablis, fol. 314 v°2 rv; 6 v; 19 r; 23 r; 34 r; 43 r; 51 r; 62 v.

standen und die Briefe des seligen Paulus."[153] „Das sagt der heilige Johannes im Evangelium, und das sagt der heilige Paulus in den Briefen", bleibt als vorgelesener Text in Erinnerung.[154] Wichtig war den Anhängern und Anhängerinnen in erster Linie das Vorbild der Prediger und die Gewißheit, durch sie gerettet zu werden.

8. Die Rituale

8.1. Das Melioramentum: Die Ehrbezeugung

Obwohl die Katharer alle Sakramente, alle Materialisierung des Heiligen ablehnten, kannten auch sie gewisse Rituale, die Perfekte und Gläubige miteinander verbanden.[155]

Die Perfekten wurden von den Gläubigen auf bestimmte Art begrüßt und um ihren Beistand gebeten. Männer umarmen sie und küssen sie dreimal (34 v; 35 r). Als ein eigenes Zeremoniell, das Männer wie Frauen gleich vollziehen, gilt das *melioramentum* oder die „Genuflexion", das Beugen des Knies. Ihr Ablauf ist in katharischen Ritualbüchern niedergelegt, dem Zeugnis der Protokolle zufolge geben ihn Eltern an ihre Kinder, Nachbarn und Nachbarinnen an noch Unwissende weiter.[156] Ramunda Martini begegnet zwei Perfekten im Elternhaus, „und darauf sagte ihr ihre Mutter, daß sie die Häretiker anbeten solle, indem man sich tief beuge, die Hände zusammengelegt, in Richtung Erde, und den Häretikern sage: ‚Seid gesegnet, gute Christen, bittet Gott für uns'."[157] Frauen, die einzeln oder in Gruppen die Perfekten aufsuchen, folgen dieser Vorschrift. Ramunda, die Schwester der Auteriis, vollzieht die Zeremonie vor ihren eigenen Brüdern: „Ramunda beugte darauf die Knie vor den Häretikern, dreimal, und

---

[153] d'Ablis, fol. 64 r.
[154] Fournier, fol. 117 b.
[155] Borst, Katharer, pp. 142–148.
[156] Beispiele für den Vollzug: Fournier:
60 bd; 92 a; 98 bd; 99 c; 106 b; 237 d; 243 c; 245 b; 250 bd; 252 c; 253 a–d; 256 d; 265 d; d'Ablis:
6 v; 10 r; 11 r; 18 v; 21 v; 22 rv; 24 r; 28 r; 32 r; 34 v; 35 r; 35 v; 36 rv; 37 rv; 39 v; 40 rv; 42 rv; 44 v; 47 r; 57 v; 60 rv; 64 v; 66 v.
[157] Ibid., fol. 245 b.

sagte bei jeder Kniebeuge: ‚Seid gesegnet!' Und die Häretiker antworteten: ‚Gott segne euch!'."[158] Auch wenn dieses Ritual als *adorare* der Perfekten bezeichnet wurde – sei es aus Überzeugung der Gläubigen oder durch die Inquisition suggeriert – so handelt es sich doch eher um einen Gruß und um die Bitte, „gesegnet" und „gebessert" zu werden. Durch den gegenseitigen Gruß wurden die Gläubigen vom Glanz der Heiligkeit berührt. Weitere Formeln lauten: „Gute Christen, *La benediccio de Dieu e de vos autres*", wie eine Anhängerin bittet, worauf diese antworten: „Gott gebe euch von Seinem Guten und führe euch zum guten Ende!"[159] In die Genuflexion wurden Gläubige in der Regel erst nach mehreren Begegnungen eingeführt, sie galt als Kennzeichen der „guten Gläubigen" und wurde daher von den Inquisitoren erfragt.

8.2. Das Brotbrechen

Speiste der Katharer im Haus mit, so hatten die Anwesenden den Vorteil, geweihtes Brot aus seiner Hand zu empfangen.[160] Petrus de Luzenac, der die Perfekten bei der Magd seiner Mutter untergebracht hat, berichtet über ein Mahl in deren Haus, an dem sie allerdings nicht teilnimmt: „Zu Beginn der Mahlzeit nahm Petrus Auterii einen halben Brotlaib, und stehend, das Brot mit einer Serviette fassend, die er um seinen Hals legte, sprach er darüber das Vaterunser, und darauf sprach er leise, zwischen den Zähnen für einen Moment. Dann zerschnitt er das Brot mit seinem Messer und legte es auf den Tisch, zuerst vor sich und danach vor jeden von uns und sagte zu mir, daß sie es das ‚Brot des heiligen Gebets' nennen würden."[161] Die Hausbesitzerin Palharesa, die alles durch ein Loch in der Wand beobachtet hatte, wurde aus Sicherheitsgründen von der Mahlzeit ausgeschlossen, doch erhielten auch Frauen ohne Schwierigkeiten geweihtes Brot. Der Ritus der Brotweihe ist in katharischen Ritualen festgelegt, ihm kam allerdings kein sakramentaler Charakter zu. Manche Gläubige sahen dies

---

[158] d'Ablis, fol. 21 v.
[159] Ibid., fol. 28 r.
[160] Beispiele:
124 c; 255 a; 258 bc; 259 d; 261 ab; 271 a; A: 66 v.
[161] d'Ablis, fol. 66 v.

anders. Der Hirte Petrus Maurini besaß eine 22 Jahre alte Sammlung geweihter Brotstückchen (131 d), er ist es auch, der im Auftrag Belibastas gesegnetes Brot zu einer Gläubigen bringt: „indem er ihr sagte, der ‚Herr‘ sende ihr vom gesegneten Brot, wobei Mersendis das Brotstück nahm, indem sie sagte: ‚Seid gesegnet.‘ Und sie küßte das Brotstück. Darauf brach sie es und gab das Brot ihrer Tochter Johanna, wobei sie sagte, daß es gesegnetes Brot sei."[162]

8.3. Die Endura: Weihe und Fasten vor dem Tod

Strebten nur wenige Gläubige ein aktives Leben als Perfekte an, so ließen sich doch viele – insbesondere auch Frauen – kurz vor ihrem Tode weihen, um erlöst zu werden.[163] Der Hirte Petrus Maurini erläutert die Vorzüge dieser Weihe: „weil zu jenen die ‚rezipiert‘ würden, an ihrem Ende ... 48 Engel kommen und ihre Seele ins Paradies bringen ... Es sei dennoch immer besser, daß ein Mensch an seinem Ende die ‚Herren‘ bei sich habe, da Gott ihnen die Macht gab, daß das, was sie auf Erden vollbrächten, der himmlische Vater im Himmel vollzöge, und die durch sie Rezipierten würden sofort von allen Sünden gelöst, was es auch für Sünden seien, und sofort gingen ihre Seelen zum Paradies."[164] Vorsichtige Gläubige schlossen mit den Perfekten einen Vertrag, sie am Lebensende zu weihen, die *conveniencia*.[165] „Desgleichen, belehrt von den Häretikern, habe sie ihnen versprochen, in ihrem Glauben zu sterben und an ihrem Ende in ihren Glauben oder ihre Sekte aufgenommen zu werden", erzählt Blanca de Rodesio aus Tarascon. „Wenn sie krank würde oder sich in Todesgefahr befinde, würde sie sie holen lassen und sie haben, wenn irgend möglich, daß sie sie weihten und in ihren Glauben aufnähmen."[166]

Die Weihe erscheint auf den ersten Blick ein Äquivalent zur letzten Ölung zu sein, entsprach jedoch dem *consolamentum*, der Einweihung zum Perfekten und hat eine Parallele zur Taufe kurz

---

[162] Fournier, fol. 261 a.
[163] Zur Weihe und Krankenweihe: Rottenwöhrer, II, 1, pp. 113–118; 118 ff., 120 f.; 172–175.
[164] Fournier, fol., fol. 121 cd.
[165] Vgl. Ibid., fol. 55 b; d'Ablis, fol. 18 r; 28 r; 32 v; 42 v.
[166] d'Ablis, fol. 28 r.

vor dem Tod in der frühen Kirche. Alamanda de Vicdessos hat die Rezeption ihrer Schwester miterlebt: „Der Häretiker Pradas Tavernarii nahm eines Nachts Matheldis in seine Sekte auf und weihte sie. Befragt nach der Weise der Häretifizierung, antwortete sie, der Häretiker habe ein Buch über den Kopf der Matheldis gehalten, aus dem er Texte las, an die sie sich nicht mehr erinnere."[167] Die Rezeption läuft wie eine Perfektenweihe ab, und die geweihte Frau gilt als Asketin. Ramundus Yssaura berichtet über die Weihe einer Frau in Larnat: „Petrus Auterii habe ihm gesagt, er solle die rezipierte Guillelma wieder in das Haus der Rezipierten bringen, und er solle gut aufpassen, daß er sie nicht am nackten Fleisch berühre, denn, wenn er sie berühre, wäre diese Frau aus ihrer Ordnung und ihrer Sekte ausgetreten ..."[168] Für manche Gläubigen war eine solche Weihe von einer besonderen Aura umgeben: „Ein großes Wunder habe sich ereignet, als diese Frau geweiht wurde, weil ein großer Glanz vom Himmel stieg über das Haus und sich bis zu der Kranken, die im Bett lag, ausbreitete."[169]

Geweihte Kranke durften nach ihrer Rezeption nur noch kaltes Wasser zu sich nehmen, um sich nicht zu verunreinigen. Diese strenge Enthaltsamkeit wurde wie die Fastenpraxis der Perfekten als *Endura* bezeichnet. Bruna Porcelli, uneheliche Tochter des Pradas Tavernarii, hat das eindrucksvolle Sterben der tief gläubigen na Roqua miterlebt: „Eines Tages trugen Guillelmus Beloti, Ramundus Beneti, der Sohn des verstorbenen Guillelmus Beneti, und die verstorbene Rixendis Iuliana aus Montaillou bei Einbruch der Nacht die ›inzwischen‹ verstorbene na Roqua in einem Laken zum Haus der Zeugin, und sagten ihr, sie solle ihr des weiteren weder zu essen noch zu trinken geben, weil man das nicht tun dürfe. Und jene Nacht wachte die Zeugin bei na Roqua mit Rixendis und der verstorbenen Alazais Pelicerii, und oft trösteten sie na Roqua, damit sie mit ihnen spreche, aber sie wollte es nicht tun. Sie wollte ihr auch Fleischbrühe von gesalzenem Schweinefleisch geben, aber sie konnten ihren Mund nicht

---

[167] Ibid., fol. 32 v.
[168] Ibid., fol. 41 r.
[169] d'Ablis, fol. 53 a.

öffnen. Gleich, wenn sie ihren Mund öffnen wollten, um ihr zu trinken zu geben, biß sie den Mund fest zusammen, und in diesem Zustand blieb sie zwei Tage und Nächte, und in der dritten Nacht starb sie zur Zeit der Morgenröte."[170] Das standhafte Fasten sollte wohl nicht den Tod beschleunigen, sondern die Geweihte vor jeder Befleckung rein halten. Na Roqua hielt eisern daran fest, kein Fleisch zu sich zunehmen, von einer anderen unbekannten Frau ist ein fünfzehntägiges Fasten überliefert (45 d). Die *Endura* ist nicht mit einem Selbstmord gleichzusetzen, wurde aber von skeptischen Gläubigen so interpretiert (205 c; 217 c). Zu Konflikten kam es, wenn Geweihte plötzlich wieder genasen und Appetit verspürten. Esclarmunda Escaunerii ist eine gute Gläubige, hat aber bei ihrer Weihe einige Probleme zu bestehen. „Der Häretiker trat an das Bett der Kranken und sprach mit ihr, die nicht mehr redete, sondern immer sagte: ‚O, o!' Und der Häretiker begann zu zweifeln, ob er sie in die Sekte aufnehmen sollte."[171] Der Verlust des Bewußtseins oder der Sprache, die eine offene Zustimmung zur Weihe nicht mehr möglich machten, waren oft ein Hindernis für die Weihe (vgl. 55 d). Esclarmunda wird geweiht, nachdem Verwandte ihre Absicht bestätigen, und folgt der *Endurapraxis.* „Und nach fünf oder sechs Tagen, als seine Mutter nur kaltes Wasser zu sich genommen hatte und es ihr wieder ein klein bißchen besser ging", berichtet ihr Sohn, „fing sie an, um Lebensmittel zu bitten, und ihre Tochter Marquesia wollte ihr nach der Vorschrift des Häretikers nichts als Wasser geben ... Diese antwortete, sie wolle sich nicht an die Regel des Häretikers halten, sondern essen. Und weil die Mutter ihre Tochter tadelte, weil sie ihr nichts zu essen gebe, sagte Jacobus Auterii, der Häretiker ..., daß die Mutter des Zeugen eine schlechte Alte sei, da sie viel Schlechtes von sich gegeben habe, als sie die Tochter schmähte, weil sie ihr nichts zu essen gab."[172] Die unfreundliche Bemerkung des Perfekten drückt nicht nur Verärgerung aus, sondern auch Sorge, daß Esclarmunda, die sich

---

[170] Fournier, fol. 78 b; vgl. 61 b.
[171] Ibid., fol. 118 c.
[172] Ibid., fol. 118 cd.

inzwischen von einer Nachbarin mit Fleisch versorgen ließ, durch den Bruch der Weihe den Zustand der Erlösung verlassen habe. „Unglücklicher", beschimpft der Perfekte Arnaldus Martini seinen Bruder, „ihr seid zum Häretiker geworden, weil ihr Fleisch gegessen habt, nachdem ihr rezipiert wurdet, deswegen wird es euch noch schlecht ergehen."[173] Als „Häretiker" wird hier interessanterweise der Abweichler von der katharischen Praxis bezeichnet. Zu einem Skandal in Gläubigenkreisen geriet auch die Weihe der Ramunda Buscalh, zu deren Krankenbett eine eifrige Nachbarin noch einen Kaplan rufen ließ, der ihr die Kommunion spendete. Um im katharischen Sinne erlöst zu werden, mußte Ramunda nach diesem „Abfall" zur katholischen Kirche neu geweiht werden (102 cd; 103 d; 104 a–105 c). Andere Genesende planten dagegen ein Leben als Perfekte. Guillelmus Yssaura ruft in seiner Krankheit die Perfekten zu sich. „Da sagte der Häretiker dem Kranken, er solle jedem Menschen und jeder Person vergeben, die ihm Schlechtes zugefügt habe und der Kranke stimmte dem Häretiker in allem zu." Seine Frau Emengardis „habe ihren Mann für die Häretiker frei gegeben ... d. h., sei es, daß er stürbe oder sich von jener Krankheit erhole, stimmte sie ihm zu, die Sekte der Häretiker zu halten."[174]

An diesem Beispiel wird die Parallelität der Krankenweihe mit der Einweihung zum Perfekten deutlich. Frauen hatten bei der Lösung aus ihren früheren Lebensverhältnissen noch stärkere Bindungen zu überwinden. Hugueta, die Ehefrau des Philipp de Larnat bittet „aus Liebe zu den Häretikern" diese, nach ihrer Weihe noch bei ihr zu verweilen, und begibt sich in die *Endura*. „Und als sie so in der Endura ausharrte, sagte sie, als Sibylia ›ihre Schwiegermutter‹ und viele andere bei ihr standen, zweimal zu Sibylia: ‚Herrin, ist es bald geschehen? Geht es bald zu Ende mit mir?' Und Sibylia antwortete ihr: ‚Noch lebt ihr, und ich werde euch helfen, eure Söhne aufzuziehen.' Und als er ›der Perfekte‹ die Worte hörte, lächelte er, und, wie er der Zeugin sagte, wußte jene Sibylia, daß, wenn Hugueta überlebte, Hugueta später nach der

---

[173] Ibid., fol. 278 a.
[174] d'Ablis, fol. 43 v; vgl. Fournier, fol. 98 d.

Regel der Häretiker leben würde, und dennoch würden sie zusammen die Söhne der Hugueta aufziehen."[175]

Von vielen Besuchern und Besucherinnen umgeben zu sein, ist nicht nur das Privileg der adeligen Hugueta. Die Wache bei Kranken war in erster Linie Frauensache, aber auch Männer ließen Sterbende nicht im Stich. „Gute Gläubige" sorgten dafür, daß ihre Angehörigen vor dem Tode nach Möglichkeit geweiht wurden: Ehegatten holten die Perfekten zueinander, Eltern riefen die „Ärzte" (294 d) zu ihren Kindern[176], Kinder suchten, ihren Eltern die Weihe zu sichern. Ein Problem stellten hierbei oft die vielen Besucher und Besucherinnen dar, die die Perfekten möglichst nicht sehen sollten. Manchmal war kein Perfekter aufzufinden, ein anderes Mal verhinderten Dunkelheit und Regen den Weg zu den Kranken (55 c; 284 d; 285 bc). Gelang es, einen Perfekten ungesehen ins Haus zu bringen, lehnten manche Kranke die Weihe strikt ab und wehrten sich mit Schimpfworten (148 d). Manche wollen keinesfalls in der *Endura* sterben (52 c). Tragischer ist es, wenn die Familie dem oder der Kranken die Weihe verweigern will, weil sie sich durch die Anwesenheit eines Perfekten gefährdet sieht. „Eine andere Person … war schwer krank und sagte zu ihren Söhnen, sie sollten gehen und die guten Christen holen, damit sie ihre Seele retteten. Und als ihre Söhne sagten, wenn sie jene guten Christen herbeiführten, verlören sie alle ihre Güter, antwortete die kranke Person: ‚Ihr liebt also eure Güter mehr als meine Seele?'"[177] Kranke Männer und Frauen ließen sich manchmal in fremde, zuverlässige Häuser tragen, wo die Perfekten ohne Gefahr zu ihnen kommen konnten. Gentilis d'Asco kommt beispielsweise in das Hospital der Bäderstadt Ax, „wegen der Häretiker eher als wegen der Bäder".[178] Das dortige Haus der Sibylia den Balle, das ebenfalls Kranke aufnimmt, werden wir noch kennenlernen.

Die Praxis der Krankenweihe und der *Endura* ist ein Phänomen

---

[175] Ibid., fol. 206 a.
[176] Über das besondere Problem der Kinderweihe s. o. Teil II, Kap. 9.3. und u. Teil III, Kap. 2.
[177] Fournier, fol., fol. 45 d.
[178] d'Ablis, fol. 27 r.

des späten Katharismus. Aus ihr spricht die tiefe Sorge um die eigene Erlösung und die der Angehörigen. Da die Gläubigen als verloren galten und auch die Aussicht, als Tier wiedergeboren zu werden, nicht sonderlich attraktiv schien, wurde die Anwesenheit eines Perfekten in der letzten Stunde um so wichtiger, auf diese konzentrierte sich die Entscheidung über Erlösung oder Verderben. Der Katharismus wurde zu einer personenzentrierten „Sterbereligion", der das irdische Leben der Gläubigen gleichgültig blieb. Warum Frauen bei der Auflistung von Krankenweihen leicht dominieren, läßt sich nur raten: Konnten sie erst kurz vor ihrem Tod Mut zu ihrer Überzeugung zeigen, waren sie weniger skeptisch als Männer [179], besorgter um ihr Heil, oder drückt die *Endura*praxis eine eher für Frauen charakteristische Affinität zum „Hungern" aus? [180]

9. Versteck und Versorgung

9.1. Die Rolle der Ehefrau
Wichtigste Aufgabe der Gläubigen ist das Beherbergen und die Versorgung der Perfekten in ihrem Haus. Hier kommt den Frauen, gerade aufgrund ihrer relativen Einschränkung auf diesen Bereich, eine entscheidende Rolle zu: sie müssen mit der Aufnahme des Gastes einverstanden sein, für ihn kochen, ihn verbergen und ihm notfalls zur Flucht verhelfen. Oft weisen Freunde oder Ehemänner Geliebte oder Ehefrau an, den Fremden zu beherbergen. Petrus de Luzenac weist seine Geliebte, die Magd und Sen-

---

[179] Beispiele für Krankenweihen:
Frauen: Fournier, fol. 61b; 78b; 95c; 98c; 98d (2); 102cd; 105c; 118a; 119a; 206a; 294d; d'Ablis, fol. 4rv; 11r; 14v; 24v; 27r; 30v (2); 31v (2) 32v; 41r; 44r; 51v; 58rv; 59r.
Männer: Fournier, fol. 55c; 98d; 206a; 277ab; 282d; d'Ablis, fol. 17v; 23r; 24r; 26v; 40r; 43v; 46v; 60v.
[180] Vgl. Hungerkünstler, Fastenwunder, Magersucht. Eine Kulturgeschichte der Eßstörungen. Von Walter Vandereycken, Ron van Deth und Rolf Meermann. München 1990, pp. 41–47; C. W. Bynum, Holy feast and holy fast. The religious significance of food to medieval women. Berkeley/London/Los Angeles 1987.

nerin Palharesa, kurz an: „‚Leg dich nicht schlafen‘, habe ich gesagt, ‚bis ich diese Nacht komme, weil ich zwei Männer hierher bringe, die ich hier verborgen sehen möchte, und daß kein Wanderer sie hier sieht! Und du selbst sollst ihnen dienen, aufs beste wie du kannst, weil sie sich sofort in der Nacht darauf zurückziehen. ‚Nein‘, hat sie gesagt, ‚ich bleibe hier nicht allein mit zwei fremden Männern, wenn ihr nicht hier seid, weil, wenn sie mich mit Gewalt angingen, wäre das nicht gut.‘ ‚Du brauchst keine Angst zu haben‘, habe ich gesagt, ‚weil sie mit dir nicht über sowas reden oder dich gar berühren.‘ ‚Also‘, hat sie gesagt, ‚habt ihr sie gesehen?‘ ‚Sei doch still‘, habe ich gesagt, ‚wir finden das Feuer entzündet, wenn wir kommen!‘ "[181] Bald nach dieser Begegnung wird sie zur überzeugten Gläubigen. Da sie als Sennerin arbeitet und mit Käse handelt, ermöglicht ihr dies, Botengänge für die Perfekten zu übernehmen, am Rande des Verkaufs Informationen auszutauschen oder auch die Perfekten in anderen Dörfern zu sehen (56 c; 59 c).

Auch Guillelmus de Rodesio, mit den Auteriis verwandt und deren wichtiger Gewährsmann in Tarascon, bringt zwei der Brüder einfach ins Haus, als Mutter und Ehefrau Blanca bei der Feldarbeit sind. Blanca erkennt in den Gästen sogleich „Häretiker", „weil das Öffentliche Gerücht im Land umging."[182] Nach anfänglichem Zögern versorgt sie die Gäste gerne und oft in „ihrem und ihres Mannes Haus in der Nähe des Schlosses, und die Häretiker blieben dort 13 Tage ungefähr, wie ihr schien, und aßen dort. Befragt, woher sie das zum Leben Notwendige gehabt hätten, sagte sie, daß ihr Gatte Guillelmus es von ihrem Geld gekauft hätte. Befragt, was sie gegessen hätten, sagte sie, daß sie an drei Tagen in der Woche, nämlich Montag, Mittwoch, Freitag bei Brot und Wasser gefastet hätten und an anderen Tagen Brot und Wein, sowie Fisch und Obst zusichgenommen hätten."[183] Die Perfekten, die das Haus der de Rodesios öfters aufsuchen, sind somit billige Gäste, die ihre Mahlzeiten sogar selbst zubereiten, um sie nicht

---

[181] Ibid., fol. 66 r.
[182] d'Ablis, fol. 13 v.
[183] Ibid., fol. 28 r.

durch Fleischkochtöpfe zu verunreinigen. „Sie sagte auch, daß sie von den Häretikern Schmuck, d. h. Kämme und Messer, erhalten habe, und einmal gaben sie ihr einen Überwurf für ihr Söhnchen, und sie gaben, wie gesagt, ihrem Mann Guillelmus de Rodesio zehn weiße Turonenser."[184]

Nicht immer waren Frauen mit der Aufnahme Fremder einverstanden, wurden aber von ihren Männern eingeschüchtert: Sie beherbergen die Perfekten „aus Furcht" vor dem Gatten (205 c) oder werden bei hartnäckiger Weigerung aus dem Haus geworfen (66 c), wenn sie nicht durch Schläge zur Anpassung gezwungen werden (157 b). Andererseits gab es auch Frauen, die ihre Männer darum baten, sich einmal nach den „guten Menschen" zu erkundigen. Der Fischer Arnaldus Piquerii aus Tarascon gibt 1308 zu Protokoll: „Vor sieben Jahren, wie ihm scheint, ... sagte seine inzwischen verstorbene Frau Matheldis des öfteren zu ihm und bat ihn darum, den vertrauten Umgang und die Bekanntschaft der Häretiker Petrus, Guillelmus und Jacobus Auterii zu gewinnen, damit sie sie in ihrem Haus empfangen könnte, weil es sich um gute Menschen handele und sie von ihnen großen Nutzen haben könnten. Und weil der Zeuge ... fürchtete, daß, wenn er sie aufnehme, es aufgedeckt und bekannt würde, sagte er seiner Frau, daß sie es so weit bringen würde, daß sie alle ihre Güter verlören."[185] Dennoch holt er die Perfekten ins Haus, die dort zunächst drei bis vier Nächte verbringen. Das Haus der Piqueriis wird schließlich zu einem der wichtigsten Quartiere in Tarascon.

9.2. Die Überzeugte: Sibylia den Balle

Petrus Auterii konnte sich rühmen, alle bedeutenden Männer und Frauen seiner Heimatstadt auf seiner Seite zu wissen (204 d). In Ax befanden sich die Mühle von Foix und vielbesuchte Bäder. Zur Marktzeit trafen sich hier Bauern und Hirten der Umgebung, hier konnten mehr oder weniger seriöse Geschäfte abgewickelt werden: Vom harmlosen Eierverkauf bis zum Mieten und Einwei-

---

[184] Ibid., fol. 31 v. Turonenser sind in Tours geprägte Münzen unterschiedlichen Werts; vgl. Benad, op.cit., pp. 349–353.
[185] d'Ablis, fol. 18 r.

sen eines Mörders (198 bis ab). Im Marktgedränge konnten Perfekte „untertauchen" und wichtige Informationen weitergegeben werden. Zentraler „Ketzertreff", ein wahres *domus hereticorum* (67 c) stellte das Haus der Sibylia den Balle dar. Sibylia, deren Großvater als Freund der Katharer bekannt war (120 b), hatte dieses Haus von ihrer Mutter geerbt. Sie war verheiratet mit dem geachteten und gut katholischen Notar und Kastellan Arnaldus Sicredi aus Tarascon (56 b), mit dem sie eine Tochter und vier Söhne hatte. Schon bald nach ihrer Rückkehr aus der Lombardei können die Auteriis außer auf das Haus ihres Bruders Ramundus und ihres Freundes Bernardus Arqueiatoris auch auf den Besitz der Sibylia zählen (119 b). Wie diese zur Gläubigen wurde, wissen wir nicht: durch Vermittlung der Galharda oder des Ramundus Auterii, aus Familientradition oder durch einen ihrer Söhne? Sohn Pons wird 1301 zusammen mit Jacobus Auterii in Larnat zum Perfekten geweiht. Er wie die Auteriis, Ramundus de Saint-Papoul und Pradas Tavernarii finden in den folgenden Jahren in Sibylias Haus Aufnahme. Als erstes weist diese jedoch ihrem Mann die Tür, der mit den neuen Gästen überhaupt nicht einverstanden ist (120 b). Sicredi zieht nach Tarascon und bleibt ein strikter Gegner der „Häretiker". 1306/08 leitet er das große Verhaftungsunternehmen gegen die Bewohner des „Ketzernestes" Montaillou. Auch die Kinder werden zwischen den Eltern aufgeteilt: Pons ist bereits als Perfekter unterwegs, von der Tochter erfahren wir wenig (256 bc), der kleine Bernardus bleibt bei der Mutter und wird an deren Begegnungen mit den Perfekten beteiligt (A 13 v; 34 r). Petrus wird zu ihrer reichen Schwester Alazais nach Urgel gegeben, Arnaldus seinem Vater übergeben. Ein Zeuge erinnert sich dem Erwachsenen gegenüber: „Er habe ihn damals noch an der Brust gesehen und er habe noch nicht sieben Jahre gezählt, als ihn die Mutter nach Tarascon geschickt habe, wo er von ›seinem‹ Vater aufgezogen werden sollte, den sie aus dem Haus geworfen hätte ... Ihr und euer Bruder Petrus könnt ›heute‹ keine ‚Einsicht in das Gute' haben, denn zu der Zeit, als eure Mutter anfing, eine Gläubige zu sein, wart ihr beide klein. Aber weil ihr schon sprechen konntet, hatten wir Angst, ihr könntet uns verraten, und so schickte euch eure Mutter nach Tarascon, und euren Bruder Petrus schickte sie zu ihrer Schwester Alazais, die in der Stadt Urgel lebte. Aber weil Bernardus schon Verstand hatte und anfing, ‚Einsicht in das Gute‘ zu haben, behielt ihn eure Mutter bei sich, und er wurde einer der besten Gläubigen der Grafschaft Foix."[186] Sibylia konnte sich dieses Verhalten leisten, da das Haus ihr Eigentum war. Ihren Lebensunterhalt verdiente sie sich nach dem Auszug ihres Mannes als Viehzüchterin. Sie versorgte nicht nur die Perfekten, indem sie sie beherbergte und für sie kochte, ihr Haus galt auch als Nachrichtenbörse, wo die Perfekten zu finden seien. Suchte man dringend einen von ihnen, um eine Kranke weihen zu lassen, wandte man sich am besten an Sibylia. Galharda Escaunerii ist beispielsweise von Sibylia selbst im Glauben der Perfekten unterrichtet worden. Ihr Sohn erinnert sich: „Galharda ... ›seine‹ Mutter habe große Vertraulichkeit mit Alazais den Balle aus Ax gepflegt, ... der Schwester der Sibylia den Balle, die nachher als Häretikerin verbrannt worden sei." Alazais sei nach Urgel gezogen, „und nach dem Weggang der Alazais habe seine Mutter Galharda engem Umgang mit Sibylia den Balle gepflegt um deren Schwester willen."[187] Als Galharda erkrankt, macht sich ihr Sohn auf die Suche nach einem Perfekten, der sie weihen kann. Er fragt im Wirtshaus einen Gläubigen. „Und der Zeuge fragte ihn, an welchem Ort er jemand von den ‚guten Leuten‘ finden könne, worauf er antwortete in Ax, bei Sibylia den Balle könne er jemand von den ‚guten Leuten‘ finden." Der Zeuge macht sich mit dem Informanten auf den Weg zu ihr: „Und da antwortete Sibylia ihm, sie würde schauen, ob er einen Häretiker haben könne und er solle nach dem Essen zu ihr kommen ... Und nach dem Essen sei er wieder zum Haus der Sibylia gegangen, worauf Sibylia ihm sagte, er solle zum Friedhof von Ax gehen und dort auf sie warten." Escaunerii nimmt seinen Bruder und einen Begleiter mit und wartet am angegebenen Ort. „Und es regnete und war finstere Nacht, und sein Bruder fragte ihn: ‚Was machen wir hier eigentlich?‘ und er antwortete, daß er Sibylia den Balle erwarte, die einen Menschen

[186] Fournier, fol., fol. 121 c.
[187] Ibid., fol. 116 d.

herbeibringen solle, der mit ihnen ginge ... Und als sie auf dem Friedhof miteinander sprachen, kam Sibylia mit Pradas Tavernarii, dem Häretiker, auch Andreas von Prades genannt. Und weil die Nacht sehr dunkel war und sie sich nicht gegenseitig sehen konnten, sagte Sibylia: ‚Wer da?' Und er sagte, daß er es sei, und darauf sagte ihm Sibylia: ‚Seht, das ist er, geht mit ihm, aber geht nicht den Bäderweg, sondern durch die Altstadt, damit ihr von niemandem gesehen werdet."[188] Manche Kranke wurden im Haus der Sibylia selbst geweiht (55 b; A 30 r).

Nicht nur Kranke suchten Sibylia auf: Bei ihr konnte man ungestört die Perfekten predigen hören und ihnen das Meli256-ramentum erweisen. Männer wie Frauen besuchten die Zusammenkünfte in gemischten Gruppen, wobei Frauen oft in der Mehrzahl waren (52 a; A 34 rv; 57 v; 60 v). Manchmal bringt Sibylia auch Speisen in das Haus anderer Gläubiger und „sieht" dort die Perfekten. Ein solches Treffen hat einmal in der Fastenzeit im Haus der von Sibylia selbst eingeweihten Guillamona Garsen stattgefunden: „Sibylia den Balle habe gekocht und ihnen Brot aus ihrem Hause gebracht, das sie aßen, und die Zeugin selbst habe Wein, Fische und Öl von deren ganzem Geld gekauft."[189] Anwesend sind neun Männer und vierzehn Frauen, die über die Namen ihrer Söhne oder Männer näher definiert werden. Doch sie kommen allein, ob heimlich oder mit Wissen ihrer Männer ist nicht immer nachweisbar, häufig sind sie Witwen. Die Treffen ermöglichten auch den Familien ein Wiedersehen mit dem Ehemann, Vater oder Bruder, sie verknüpften außerdem die Gläubigen untereinander. Sibylias Haus stand nicht nur den Perfekten, sondern auch den Gläubigen, insbesondere Frauen offen. „Sie habe gehört", berichtet eine Zeugin, „daß eine Frau aus Coustassa, deren Namen sie nicht wisse, die ihren Mann verlassen habe und in die Gegend des Sabartès geflohen sei, sich zur Endura in das Haus der Sibylia den Balle aus Ax begeben habe und dort gestorben sei."[190] Flucht aus der Ehe scheint auch für andere Frauen ein verlockendes Mo-

[188] Ibid., fol. 118 ab.
[189] d'Ablis, fol. 22 r.
[190] Ibid., fol. 30 r.

tiv gewesen zu sein. Der bereits erwähnten Freundin Sibylias, Guillamona Garsen, vertraut Alazais Ferron an, „daß sie gerne ihren Mann verließe und den Glauben der Häretiker halte und mit den Häretikern zöge, falls es diesen gefiele."[191] Alazais hat noch sechs Schwestern, deren Mutter Galharda, ebenfalls mit Sibylia bekannt, stolz behaupten kann, „daß sie immer im Glauben der Sekte gestanden hätten und noch stünden."[192] Häuser wie das der Sibylia öffneten Frauen die Möglichkeit zur Unterkunft und zur Begegnung. Sterben mußte Sibylia allerdings allein. Nach der Verhaftung ihres Sohnes Pons[193] wurde sie ebenfalls zu einem nicht geklärten Zeitpunkt festgenommen und *sicut heretica* (116 c) verbrannt. *Heretica* ist eine Bezeichnung, die in den Protokollen in der männlichen Form nur für die Perfekten gebraucht wird.[194] Obwohl nicht geweiht, wird Sibylia dieselbe Gefährlichkeit wie den Perfekten beigelegt, von den Gläubigen ein ähnlicher Ruhm. Jahre später noch galt sie als „anständige Frau" (120 a), deren Seele gerettet sei. „Sie wolle selbst gern an dem Ort sein, wo die Seele ›der Sibylia‹ sei, weil sie eine bessere und stärkere Gläubige als irgendwelche anderen gewesen sei ...", schwärmt eine Gläubige.[195] Anders sah dies der verstoßene Sohn Arnaldus. Er will das inzwischen beschlagnahmte Haus seiner Mutter um jeden Preis wiedergewinnen und beschließt, für die Inquisition einen „Häretiker" zu fangen. 1321 lockt er den letzten Perfekten Belibasta in eine Falle und zerstreut so die letzte kleine Gemeinde. Der hinausgeworfene Ehemann und der aus dem Haus gegebene Sohn haben sich bitter gerächt.[196]

---

[191] Ibid., fol. 24 v.
[192] Ibid., fol. 24 v.
[193] Vidal, Ministres, p. 75.
[194] Jean Duvernoy, L'acception: „haereticus" (iretge) = „parfait cathare" en Languedoc au XIIIe siècle. In: The Concept of Heresy in the Middle Ages (11th–13th C.) Proceedings of the international conference Louvain May 13–16, 1973. Ed. W. Lourdaux / P. Verhelst. Leuven/The Hague 1976, pp. 198–210.
[195] Fournier, fol. 121 b.
[196] S. Teil III. Kap. 1 und 3.

9.3. Die Zweiflerin: Sibylia Petri

Eine der wichtigsten Zeuginnen vor Jacques Fournier ist Sibylia Petri, an deren Beispiel wir den Alltag mit den Perfekten, aber auch Widersprüche und Zweifel verfolgen können.

Sibylia stammt aus einer alten häresiefreundlichen Familie aus Larnat und ist mit Ramundus Petri aus Arques verheiratet (201 c). Aufmerksam auf die Perfekten wird sie durch eine Begebenheit, die wir als „typische" Situation bereits kennengelernt haben. Als 1300 ihre Tochter stirbt, tröstet sie Esclarmonda Escaunerii. Sie erzählt ihr vom Schicksal und dem Erlösungswerk der Brüder Auterii. „Sie sind schon nach Ax zurückgekehrt, und wenn ihr sie sehen könntet, würden sie selbst euch so unterrichten, daß ihr nichts um den Tod eurer Tochter geben würdet als die Erde, die sie ist."[197] Hoffnungsvoll und neugierig sucht Ramundus Petri die Erwähnten im Haus der Sibylia den Balle auf. Die scharfe Kirchenkritik, die Petrus und Jacobus Auterii äußern und ihr Anspruch, Seelen retten zu können, beeindrucken ihn sehr. Er lädt die Perfekten nach Arques ein und empfängt sie, als Sibylia mit ihrer Tochter zu Bett gegangen ist. Anderntags unterrichtet er seine Frau über die nächtlichen Besucher, „sie solle sie selbst sehen und reden hören und, wenn ihr ihre Worte gefielen, solle sie sie aufnehmen, wenn nicht, sie keinesfalls entdecken und anzeigen."[198] Sibylia gelobt Stillschweigen, und bald sammeln sich in ihrem Haus der für die Petris arbeitende Hirte Petrus Maurini, Sibylias Mutter, Galharda Escaunerii und ihre Tochter Marquesia und weitere Nachbarn, um den Predigern zuzuhören. Jacobus Auterii liest aus einem Buch, sein Vater übersetzt, aber schöner sind die Geschichten, die Jacobus erzählt, z. B. die über die Seelenwanderung: „Die Seele eines Menschen, die seinen Körper verließ, trat in den Körper eines Pferdes ein, und er war für bestimmte Zeit das Pferd irgendeines Herrn, und als der Herr eines Nachts bei der Verfolgung seiner Feinde das Pferd durch Felsen und Steine ritt, geriet das Pferd mit dem Fuß zwischen zwei Steine, und es konnte ihn kaum mit Mühe herausziehen und verlor sein Hufeisen, das

---

[197] Fournier, fol., fol. 201 c.
[198] Ibid., fol. 202 a.

es am Fuß trug. Als das Pferd aber starb, geriet die Seele in einen Menschenkörper, und der Mensch wurde ein guter Christ, d. h. Häretiker. Und als er eines Tages mit einem anderen Häretiker an jenem Ort vorüberging, wo er als Pferd das Hufeisen verloren hatte, sagte er seinem Gefährten, daß er zu seiner Zeit als Pferd hier ein Hufeisen verloren habe, und beide Häretiker suchten zwischen den beiden Steinen das Hufeisen und fanden es. Und über dieses Beispiel lachten die Anwesenden sehr."[199] Weniger lustig mag es uns scheinen, wenn Petrus Auterii die Frauen unterrichtet, daß Christus nur einen Scheinleib besessen habe, „es sei unwürdig, zu denken oder zu glauben, daß er von einer Frau geboren sei oder sich in so einem schändlichen Ding *(in re tam vili),* wie es eine Frau sei, sich verschattet habe."[200] Sibylia verweist hilflos auf die „Herrin" Maria; wie sie die Worte Auteriis aufnahm und verarbeitete, wissen wir nicht. Wie hat sie die Ablehnung der Kindertaufe verstanden, wie die Mitteilung, Sexualität mit der eigenen Ehefrau sei für den Mann sündiger als mit einer Fremden, da sich die Eheleute in trügerischer Sicherheit wiegten (203 c)?

Es gibt aber auch lustige Episoden mit den Perfekten. Bei einem Festmahl mit Nachbarinnen und Nachbarn streckt Petrus plötzlich den Kopf aus seinem Versteck: „Was, ihr eßt Fleisch?" ekelt er sich, was Heiterkeit erregt.[201] Unerschöpflich scheint sein Witzvorrat über die Kleriker (205 a). Doch gefährdet seine gelegentliche Anwesenheit in einer abgelegenen Kammer des Hauses die Familie. Ernst wird die Lage, als Ramundus Bruder zu Besuch kommt und sich über die verschlossene Kammer wundert. „Warum ist diese Kammer mit einem Schlüssel verschlossen, und was für Leute sind dort eingeschlossen?" stellt er Sibylia zur Rede. „Geht zu eurem Bruder, und sagt es ihm, er wird euch antworten." Doch dessen Auskunft empört den Gast, „er kam zum Haus der Zeugin zurück und betrat ein Zimmer und nahm ein Messer und begann schimpfend durch das Haus zu gehen, indem er sagte: ‚Schlechte Vereinigungen hält mein Bruder in diesem Haus.' Und

[199] Ibid., fol. 202 c; vgl. 253 a.
[200] Ibid., fol. 202 c.
[201] Ibid., fol. 203 bc.

weil er so aufgebracht durch das Haus schrie, kam Petrus Auterii, der in dem Zimmer eingeschlossen war aus einem Türchen oder Loch, das sich in der Kammer, in der er eingeschlossen war, befand, und steckte den Kopf durch das Loch und rief nach Petrus ›dem Bruder‹, indem er sagte: ‚Kommt, seht den Grund.‘ Als er den Häretiker sah, zog Petrus das Messer und sagte, er werde ihm den Kopf abschneiden."[202] Der Bruder kann mit Mühe beruhigt werden. Auterii beschwichtigt Sibylia, indem er erzählt, wieviele Freundinnen und Freunde er habe. Ehemann Ramundus ist dagegen davon überzeugt, daß die gebildeten Auteriis zuviele Spenden erhalten, während der schlichte Pradas Tavernarii wenig erhält (204 ab). Die Konkurrenz zwischen den Perfekten macht Sibylia mißtrauisch. Noch skeptischer wird sie, als sie miterlebt, was ihrer Freundin Galharda Escaunerii widerfährt. Die Schwerkranke wurde von Pradas Tavernarii geweiht – die abenteuerliche Suche ihres Sohnes nach dem Perfekten haben wir bereits miterlebt – verspürte aber bei zunehmender Genesung Hunger. „Eßt ihr denn gar nichts?" hatte Sibylia bei einem Krankenbesuch gefragt, und Galharda antwortete, „daß sie gerne äße, aber es nicht wage dies den Gläubigen wirklich mitzuteilen, damit sie sie nicht verachteten, wenn sie äße, nachdem sie von dem Häretiker rezipiert, ›d. h. in die Sekte aufgenommen‹, worden sei. Und sie habe geantwortet: ‚Warum glaubt ihr ihnen denn und wollt euch selbst töten? Ist das nicht eine große Dummheit oder Einfalt, und Galharda antwortete, ja, und . . . sie selbst begehre, Brot und Wein zu essen. Die Zeugin brachte ihr Brot, Wein und in Öl gebratene Kutteln. Dennoch wollte sie weder Fleisch noch Blut essen."[203] Sibylia stehen noch härtere Prüfungen bevor, als ihre einjährige Tochter Jacoba erkrankt. Die besorgten Eltern bitten Pradas Tavernarii um ihre Weihe, die er mitleidig vollzieht, indem er die Eltern anweist, dem Kind auf keinen Fall Milch zu geben, wenn es genese. „Und ihr Mann war sehr froh über die Häretifikation seiner Tochter und sagte, wenn die Tochter in diesem Status sterbe, wäre sie ein Engel Gottes, und weder er noch sie . . . könnten ihrer Tochter so-

[202] Ibid., fol. 205 a.
[203] Ibid., fol. 203 c.

viel geben wie der Häretiker ihr durch die Häretifikation gegeben habe."[204] „Aber die Zeugin gab ihrer Tochter die Brust, nachdem diese das Haus verlassen hatten, weil, wie sie sagte, sie es nicht mitansehen konnte, daß ihre Tochter so stürbe." Als ihr Mann dies erfährt, ist er außer sich, ebenso der Hirte Petrus Maurini. „Eine schlechte Mutter hast du gehabt," wendet er sich an das Kind, und „er sagte auch der Zeugin, daß sie eine schlechte Mutter sei und sagte, daß Frauen Dämonen seien. Und ihr Mann weinte und machte ihr viele Vorwürfe und drohte ihr. Und deswegen mochte ihr Mann weder das Mädchen noch die Zeugin selbst mehr für lange Zeit, bis er seinen Irrtum einsah."[205] Pradas Tavernarii wiederum wird von den Auteriis schwer getadelt, daß er ein unvernünftiges Kind geweiht habe (254 a). Die kleine Jacoba lebt noch ein Jahr, aber Sibylias Vertrauen in die Perfekten ist geschwunden. Sie hört von weiteren *Endura*toden (206 a) und sogar einem Mord an einem mutmaßlichen Verräter (206 b). Sie habe geglaubt, daß die Perfekten gute Menschen seien, weil sie fasteten, enthaltsam lebten und kein fremdes Gut raubten, aber dann erkannt, daß sie „schlecht" seien, „weil sie gierig und neidisch waren und auch, weil sie Menschen in der *Endura* sterben ließen", zieht sie Bilanz. Dennoch habe sie ihre Lehre ungefähr ein Jahr für wahr gehalten bis zum Tod ihres Kindes, „und auch, weil sie zu jener Zeit hörte, daß die Häretiker den Gläubigen sagten, daß jene, die sie verfolgten, aufdeckten oder verrieten ‚getötet werden sollten‹, weil ein schlechter Baum abgehauen und ausgerissen gehörte, und deswegen habe sie von da an ihre Lehre nicht mehr für wahr gehalten noch sie für gute und wahrhaftige Menschen, sondern für schlechte. Sie habe sie dennoch von da ab in ihrer Wohnung gelitten, weil sie ihren Mann sehr fürchtete und liebte und ihn nicht kränken wollte, der offensichtlich den Häretikern sehr verbunden war, und Petrus Maurini habe ihn ständig verführt."[206] Doch Ramundus Petri ist äußerst verängstigt, als er von der Verhaftung der Auteriis und Pradas Tavernariis erfährt. Die

---

[204] Ibid., fol. 203 d.
[205] Ibid., fol. 203 d–204 a.
[206] Ibid., fol. 205 c.

Eheleute, Sibylias Mutter, die Escauneriis und einige Nachbarn beschließen, Papst Clemens V. in Lyon aufzusuchen und um Absolution zu bitten. Petrus Maurini, der auf seinem Glauben beharrt, wird des Hauses verwiesen (253b). Ramundus macht sich mit einem Gefährten auf den Weg und erlangt Verzeihung. Der Familienbesitz ist gesichert, Sibylia wird in Carcassonne verhört und freigesprochen. Doch 1320 wird Ramundus als ehemaliger Sympathisant verhaftet. „Darauf habe sie den Ort verlassen und sei nach Alet gezogen, wo sie ungefähr ein Jahr im Haus des Huguetes de Sornhano, dem Vikar des Ortes, blieb und darauf, da ihre Tochter Bernarda, die bei Mazère lebte, krank war, sei sie nach der Stadt Mazère gezogen und dort mit zweien ihrer Töchter in einem Haus geblieben, das sie von einem Mann mit Zunamen Besers gemietet hätten. Und darauf habe sie eine andere Unterkunft gemietet von einem namens Rival, wo sie blieb, bis sie durch den Herrn Bischof gerufen wurde."[207] Ihr Verhör fand 1322 statt und endete mit Freispruch.

Sibylia Petri erscheint auf den ersten Blick als „Mitläuferin", die den Befehlen ihres Mannes folgt und sich dessen Anschauungen zu eigen macht. Doch zeigt sie deutlich Ansätze eigenen Denkens und Widerspruchs. Ihre Zweifel machen die Gründe für das Scheitern der Katharer – außer der Inquisition und Verfolgung – sichtbar: Die anspruchsvolle Ethik, die für die Gläubigen nicht gilt und sogar deren Verbrechen entschuldigt und die Ferne katharischer Religiosität vom konkreten Alltag. Deutlich werden auch die Einwände von Frauen gegen die asketische Lehre: die Verachtung des weiblichen Körpers und der Mutterschaft als Möglichkeit weiblicher Sexualität.

10. „Pro amore Dei ...": Spenden

Außer auf Unterkunft waren die wandernden Prediger auf Nahrung und Kleidung angewiesen. Ihr Anspruch auf apostolische Armut und die beschränkte Möglichkeit, in der Öffentlichkeit einen

---

[207] Ibid., fol. 206 b.

Beruf auszuüben, verwiesen sie auf Spenden ihrer Gläubigen. Diese geben spontan aus Mitleid (55 b; 56 c), weisen aber auch andere auf ihre Christenpflicht hin. Eine Tochter unterrichtet ihre Mutter: „Sie täte gut daran, wenn sie den guten Christen etwas gebe oder schicke, d. h. den Häretikern, weil der, der ihnen Gutes tue, sehr barmherzig sei, da sie nicht wagten zu arbeiten, weil sie dann gleich gefangen würden."[208] Die Gläubigen, Männer wie Frauen, spenden „um der Liebe Gottes willen" oder aus Liebe zu den Perfekten.[209] Durch diese Gaben erwerben sich die Spender und Spenderinnen großen Lohn. „Die Kleriker lassen uns Gras fressen," empört sich Mengardis Clerici gegenüber einer Nachbarin, dafür „sei es eine große Barmherzigkeit, den Häretikern Gutes zu tun."[210]

Die Einübung der Barmherzigkeit als Habitus und der daraus resultierende geistliche Lohn bilden das Hauptmotiv der Spenden. Dies ist jedoch kein katharisches Spezifikum. Auch für gute Katholikinnen und Katholiken gilt es als großer Verdienst, pro amore Dei Arme und Pilger zu unterstützen. Barmherzigkeit und Spenden sind aus Erbauungsschriften zudem als spezifisch weibliche Formen der Frömmigkeit bekannt und werden aus Zeugnissen über das Spitalwesen im Mittelalter als solche erwiesen[211]. Das Beispiel der „guten Christin und Katholikin" Auda Fabri haben wir bereits kennengelernt. Als beinahe deckungsgleich kann eine gute credens gepriesen werden: „Mengardis, seine Mutter, sei gerettet, weil sie den guten Christen viel Gutes getan habe," erzählt stolz ihr Sohn[212]. Eine andere Gläubige kann von sich behaupten: „Sie und ihr Mann Ramundus Maurini hätten ihnen oft in ihrer ›eigenen‹ Armut Barmherzigkeit erwiesen, hätten sich von Speisen enthalten, um sie ihnen zu geben und ihnen oft Mehl

---

[208] Ibid., fol. 86 d.
[209] Ibid., fol. 50 c; 74 c; 84 c; 240 b; 68 b.
[210] Ibid., fol. 99 b.
[211] Vgl. Daniel Le Blevec, Le ròle des femmes dans l'assistance et la charité. In: La femme dans la vie religieuse du Languedoc (XIIIᵉ–XIVᵉsiècle). Cahiers de Fanjeaux 23. Toulouse/Fanjeaux 1988, pp. pp. 171–192; Jean Longere, La femme dans la théologie patorale. In: Ibid., pp. 127–152, pp. 144–147.
[212] Fournier, fol., fol. 40 a.

und was sie hatten geschenkt und immer das Bessere."[213] Männer und Frauen folgen hierin einer „gut katholischen" Frömmigkeitspraxis[214]. Ihnen schienen gerade die apostelgleichen Perfekten als würdigere und „verdienstfördernde" Empfänger als die Kleriker. Ihre materielle Not ließ die letzten Perfekten diese Haltung unterstützen[215].

Wie sah die Spendenpraxis nun konkret aus, was und wieviel wurde gegeben? Guillelma Beloti, eine der treuesten Gläubigen aus Montaillou, erläutert ihrer Nachbarin die Wichtigkeit der Gaben. „,Was könnte ich ihnen geben?', und sie antwortete, entweder Getreide oder Geld oder irgendetwas anderes; und als die Zeugin sagte, daß sie arm sei, sagte ihr Guillelma, dann solle sie zumindest etwas aus ihrer Armut geben." Die Angesprochene lief nach Hause, „gab den Häretikern das Getreide und sagte: ,Gute Christen, bittet Gott für mich!' Und sie antworteten: ,Frau, Gott gebe euch guten Lohn zurück!' "[216] Es gab aber auch Frauen, die Spenden verweigerten. Guillelma Beneta und Alazais Riba werfen Ramunda Martini vor, „daß sie schlecht daran tue, weil sie das Gut unter ihrer Hand hatte, d. h. die Wolle und andere Güter ihres Gatten, und sie nicht den guten Leuten gebe ... Und sie antwortete ihnen, daß von ihren Gütern die Häretiker nichts genießen würden, und die Frauen antworteten ihr, daß sie ihr gerne glaubten, da sie schlecht und kalt sei."[217]

Die Spenden umfassen in erster Linie notwendige Lebensmittel: Getreide, Mehl, Brot, Obst, manchmal eine Fischpastete oder Forelle.[218] Die Gaben reichen je nach Reichtum und Unabhängigkeit

---

[213] Ibid., fol. 41 c.
[214] Michel Mollat, Die Armen im Mittelalter. München 1984, pp. 139–141.
[215] Vgl. Fournier, fol. 220 b.
[216] Ibid., fol. 60 b.
[217] Ibid., fol. 246 bc.
[218] Spenden von Frauen:
Wein: Ibid., fol. 56 c; 60 a; 62 d; 78 c; 79 a; 95 b; 148 d; 181 d; A 31 v;
Obst: 203 a; A 22 v; 31 v; 40 r;
Fisch: 56 c; 117 c; 203 a; A 3 r; 54 v;
Brot: 56 c; 60 a; 74 c; 78 c; 181 d; A 2 r; 31 v;
Öl: 60 a;

der Spenderinnen vom Brotlaib bis zu mehreren Geschenken. Die reiche Witwe Mengardis Clerici läßt Brot, Wein, Mehl, Öl und Honig in das Versteck der Perfekten bringen (60 a; 78 c; 79 ab). Auch Wein, ein Maß oder zwei, wird von Männern wie Frauen gestiftet. Daneben stehen Sachspenden von Wolle und Leinen, manchmal Schuhe.[219] Ab und zu bereitet die Versorgung Schwierigkeiten: Eine Magd erinnert sich, wie ihre Dienstherrin, die in ihrem Haus die Auteriis bewirtete, sie aufforderte, „daß sie eine Bettdecke, Leintücher und Kopfkissen nach Quié in das Haus eines Bürgers von Quié ... bringen sollte ... weil, wie ihre Herrin sagte, die Häretiker in der folgenden Nacht bei Quié schlafen sollten und sicher kein Bett finden würden, in dem sie schlafen könnten, wenn sie nicht ihr Bettzeug hätten. Sie sagte ihr auch, daß in der Stadt Quié keine Lebensmittel gefunden würden und daß der Zeuge zu Lorda, der Frau des Guillelmus Bayard aus Tarascon, ihrer Enkelin, gehen solle, daß sie besagten Menschen Lebensmittel gebe." Die Magd sieht sich zu diesem Schritt gezwungen: „Und da gab ihr Lorda zwei Brote und eine Flasche Wein, d. h. ein halbes Maß, und zwei Fische, frische Datteln sowie Forellen, und das gab sie ihr freudig, und als sie das Genannte empfangen hatte, brachte sie es den Häretikern, welche, als sie es empfingen, sagten, daß Lorda gesegnet sei. Und sie nahmen das Genannte in Empfang und aßen und tranken und gaben der Zeugin ihren Anteil."[220] Getreide war im Hochland witterungsanfällig und nicht immer vorhanden, Wein mußte importiert werden und wurde meist von reicheren *credentes* gespendet.[221] Oft wird den Perfekten auch eine Geldspende überreicht: Diese reicht von zwei Denaren („Pfennigen") bis zu 26 Solidos („Groschen"). Frauen spenden ein, zwei, sieben oder zehn Turonenser[222], nicht mehr und nicht weniger als Männer. Benad hat aus

---

Mehl: 60 a; 79 a; 174 c; 181 b;
Getreide: 60 b; 148 d; 152 c; A 2 r.
[219] Spenden von Frauen:
Wolle: 56 c; 155 a;
Leinen: 237 c; 205 c.
[220] Ibid., fol. 56 c.
[221] Benad, op. cit., pp. 258 f.
[222] Den Namen verdanken diese Münzen von unterschiedlicher Größe und Wert ihrem Prägungsort Tours; vgl. Benad, p. 345.

Angaben in den Protokollen errechnet, daß ein Essen für drei Personen aus Ei, Fisch und Suppe samt Brennholz und Übernachtung in der Herberge vier Solidos kostete.[223] Für diesen Preis konnte man auch ein Viertel Getreide kaufen, für sieben Denare einen Fisch, für zehn Turonenser ein Maß Wein.[224]

Die Perfekten waren so aufgrund einzelner Geldspenden ausreichend, wenn auch nicht übermäßig versorgt.[225] Geld eignete sich auch dafür, anders als die unmittelbar zur Ernährung dienliche Lebensmittelspende, bei Gläubigen Notreserven anzulegen, was die Auteriis praktizierten (A 64 r) und von anderen heftig kritisiert wurde (204 b). Ein Silberturone gilt als „armselige" Spende, eine größere Stiftung von 26 Solidos machte eine Kranke kurz vor ihrem Tod (243 d; A 26 v).

Ob Geld oder Lebensmittel, Männer wie Frauen spenden gleichermaßen, doch müssen Ehefrauen oft vor ihren Männern auf der Hut sein. Frauen lassen öfter über Nachbarinnen den Perfekten etwas zukommen, „weil das Weingefäß, das sie im Haus hatte, voll war, wollte sie nichts aus diesem Gefäß nehmen, damit ihr Mann nichts merke, und so ließ sie den Häretikern durch Narbona ›ihre Nachbarin‹ Wein senden", erläutert eine Zeugin.[226] Witwen mit Besitz haben manchmal etwas mehr Freiheit, während es Männern freistand, ohne Widerrede etwas zu spenden. „Ihr Sohn ginge zu den guten Menschen und bringe ihnen, was in jenem Korb oder der Kiepe zu finden sei", vertraut Alazais Ademarii, die bereits erwähnte Käsehändlerin, einer Nachbarin an. „Das heißt, in solchen Angelegenheiten würde er sie nicht um Rat fragen noch es auf ihr Geheiß hin tun, sondern aus eigenem Antrieb handeln, da er der Hausherr sei."[227] Ehemänner bestimmten auch, an wen gespendet werden sollte. Sibylia Petri berichtet: „Ihr Mann habe gesagt, daß Petrus, Guillelmus und Jacobus Auterii, die kluge Menschen und von vielen geliebt seien, viel von ande-

[223] Ibid., pp. 270 f.
[224] Ibid., pp. 349–353; Fournier, fol. 85 a; 255 d.
[225] Vgl. Roach, op. cit., p. 64.
[226] Fournier, fol. 188 d.
[227] Ibid., fol. 58 c. Über Söhne als Hausherren, vgl. Ibid., Bd. 1, p. 308, Anm. 143.

ren erhielten, und jeder Gläubige rechne es sich als großes Gut an, ihnen etwas geben zu können, und deswegen wären sie nicht darauf angewiesen, daß sie selbst ihnen Gutes täten, aber ... Andreas Tavernarii wäre nicht so gebildet und könne nicht ›Latein‹ lesen, sondern er sei ein einfacher Mensch und habe nicht soviel Bekanntschaften und Freundschaften wie die Genannten ..., deswegen sei es wichtiger, die Anwesenden gäben Andreas etwas, damit er leben könne." Für Bücher, Kleider und Kleinigkeiten erhält der Perfekte zehn Libras („Pfund"), kleine Turonenser, und „ihr Mann habe den Häretikern 50 Solidos leichtes Geld gegeben."[228] Dieser Bericht erhellt auch, wie stark manche Perfekten auf Geld angewiesen waren. Die Brüder Auterii hatten sich zunächst selbst finanziert und galten als reich (204 b). Schwieriger scheint es für Tavernarii gewesen zu sein, der nur noch ab und zu seinem Gewerbe als Schneider nachging. Nicht nur zur Kirche und den Bettelmönchen, auch untereinander standen die Perfekten in Konkurrenz (254 b). Trotz dieser Unstimmigkeiten spendeten die Gläubigen gern, denn die Perfekten nahmen nur das, was man ihnen freiwillig gab; sie forderten keine festen Steuern, und solch wirklich armen Menschen zu geben, versprach himmlischen Lohn.

Auch untereinander waren die Gläubigen zur Großzügigkeit bereit: Der Kastellan Simon Barra aus Ax stundet einem gläubigen Schuldner *amore Dei* 22 Libras kleiner Turonenser (56 a), während ein Schuster einer Frau mit ungläubigem Ehemann keinerlei Aufschub gewähren will (68 b). Die Kornhändlerin Lauroca auf dem Markt von Tarascon hat ihre eigenen Maßstäbe: „Warum gibst du mir nicht in dem selben Maß wie dem Arnaldus?" empört sich ein Kunde. „Man sagt: *A tota gens fay be, far maiorment en aqueli de la fe!* (d. h.: allen Menschen tue Gutes, vor allem aber denen, die vom Glauben sind)", antwortet sie, und auf die Frage, ob der Kunde nicht den gleichen guten Glauben habe wie Arnaldus: „Wir jedenfalls wissen das", schneidet sie das Gespräch ab, und Arnaldus ergänzt: „daß du nicht so

---

[228] Fournier, fol. 204 ab.

einen guten Glauben hast wie wir."[229] Dies trägt ihm eine Anzeige bei der Inquisition ein.

11. Zerrissene Netze: Zwischen Angst und Standhaftigkeit

Wie wir gesehen haben, schuf die Sympathie für die Perfekten ein festes Band zwischen den Gläubigen. Durch die Gefahr, der Inquisition in die Hände zu fallen, wird dieses jedoch häufig einer Belastungsprobe ausgesetzt. Ängstlich gewordene Männer schüchtern mögliche Verräter mit Gewalt ein. Manche bedrohen ebenso Frauen mit körperlicher Gewalt oder Anzeige (57 c; 99 ab; 102 c; 188 a; 238 b): „Bernardus verschränkte beide Hände auf seinem Kopf und sagte der Zeugin: falls sie ihn anzeige, würde sie eines Tages tot oder getötet aufgefunden wie jener Mensch, der tot beim Galgen von Ax gefunden wurde, weil dieser Mensch sehr schwatzhaft war, und sie selbst sei sehr redselig, wenn sie ihn verriete", weiß eine Frau von ihrem eignen Bruder zu berichten.[230]

Kleinliche Zänkereien, Angst oder Machtkämpfe zwischen beruflichen Konkurrenten und Häusern konnten dazu verführen, die Anzeige vor der Inquisition als Waffe zu benutzen. Erläutert werden soll dies an einem Beispiel aus der bäuerlichen Welt. In Montaillou kämpfte die reiche Familie Clerici, die den Pfarrer und den *baiulus* des Dorfes stellte, um ihren Vorrang wie um ihr Überleben. Die Familie war selbst gläubig, profitierte aber vom Untergang anderer Familien, da dem Ortsvorstand der beschlagnahmte Besitz zufiel. Die Clericis waren in der Wahl ihrer Mittel nicht zimperlich, wenn es galt, Freunde zu protegieren und Feinde der Inquisition auszuliefern. Die Geschichte von ihrer Macht über die Dorfbewohner bis zu ihrem Niedergang ist Gegenstand zahlreicher Untersuchungen geworden.[231] Im Prozeß gegen die Clericis, insbesondere gegen den Pfarrer Petrus Clerici, spielten die Aussagen von Frauen eine wichtige Rolle, unter anderem trug

---

[229] Ibid., fol. 139 c.
[230] Ibid., fol. 187 c; der Bruder bestreitet diese Aussage fol., 189 d.
[231] Ladurie, pp. 84–99. Benad, op.cit.; ders.

das Zeugnis der uns schon bekannten Beatrix de Ecclesia wesentlich zu seiner Belastung bei. Doch auch andere Frauen ließen sich nicht einschüchtern. Zu ihnen zählen Alamanda Guilaberti und ihre Tochter Alazais. Ihre Geschichte ist schwierig zu konstruieren, denn es ist nicht sicher, inwiefern die Frauen falsche Aussagen machen, um andere zu belasten, und als ebenso skeptisch sind die Berichte anderer Zeugen gegen sie zu betrachten.

Alamanda Guilaberti ist verzweifelt, als 1304/05 ihr sechzehnjähriger Sohn Guillelmus, der als Hirte kräftig zum Familienunterhalt beiträgt, blutspuckend nach Hause kommt. Das Kind hat nur einen Wunsch: Von seinen Gefährten, den Söhnen der Häuser Beloti und Beneti, hat er von den „guten Christen" gehört, die Seelen retten können. Er fleht seine Mutter an, ihn durch Handauflegung weihen zu lassen, doch diese fürchtet die Inquisition zu sehr. Da Guillelmus sehr krank ist, sucht Alamandas Schwiegersohn Arnaldus Fabri, der mit den Guilabertis wegen einer Mitgiftsangelegenheit zerstritten ist, das Haus auf und versöhnt sich mit dem Sterbenden (88 a). Seine Frau Alazais, Alamandas Tochter, folgt ihm und unterstützt die Bitte ihres Bruders, der schließlich von Pradas Tavernarii geweiht wird. Die Inquisition interessiert später, wer hierbei zugegen war. Ein Zeuge nennt Alazais und Alamanda, die im Haus weilende, ebenfalls kranke Tochter Guillelma (89 d); die Guilabertis und Fabris nennen zusätzlich Ramunda Clerici, Guillelmus Beloti, Alamandas Schwester Sibylia Fortis und schließlich nachträglich deren Ehemann Guillelmus (83 c). Alazais hat die Weihe unterstützt, da sie auf die Mitwisserschaft und den Schutz des gläubigen Pfarrers Petrus Clerici zählte. Überzeugt hat sie in dieser Ansicht ihr früherer Geliebter, der Schuster Arnaldus Vitalis, „mit dem sie unehrenhaft lebte" und dem sie „aus Liebe" glaubt.[232] Ganz will sie seiner Begeisterung für die Perfekten nicht gefolgt sein. Einmal fragte er sie, „warum sie sich nicht in ihre Ordnung und in den Glauben begebe, indem er von der Ordnung der Häretiker und deren Glauben sprach." Sie antwortete, „daß sie am liebsten wünsche, er und die sogenannten guten Menschen würden aufgehängt, und Arnaldus Vitalis sagte

---

[232] Fournier, fol. 84 c.

ihr, sie habe schlecht gesprochen und solle sich vor der Sünde hüten." „Bald werden wir alle eins sein", faßt er seine Hoffnung zusammen.[233] Das Vertrauen in die Clericis erweist sich als nicht gerechtfertigt. Jahre später, 1317/18 nimmt Alazais ihre Nichte Ramunda bei sich auf, die mit Petrus Fabri verheiratet ist, „der sie nicht fleischlich erkennen konnte, wie das Mädchen der Zeugin sagte, und so wurde allgemein geredet, deswegen wollte sie nicht bei ihrem Mann bleiben, sondern hielt sich bei der Zeugin auf". Dieser Wohngemeinschaft setzt Petrus Clerici ein Ende, der sich Alazais vertraulich nähert: „Was soll ich bloß tun, wenn du nicht redest und mir hilfst, daß ich deine Nichte Ramunda haben kann, und dann könnte ihr Mann, wenn er sie gehabt habe, sie fleischlich erkennen." Alazais reagiert wütend auf diesen Antrag: „Sollte es euch nicht genügen, daß ihr mich und meine Schwester Ramunda gehabt habt, daß ihr nicht auch meine Nichte Ramunda habt und solch eine schwere Sünde begeht? Da begann der Pfarrer zu lachen und verließ sie."[234] Alazais warnt Ramunda vor den Plänen des Pfarrers, und diese kehrt in ihr Elternhaus nach Gebetz zurück. Doch Petrus wird im Zuge der Ermittlungen Fourniers 1320 verhaftet, und sein Bruder Bernardus sucht nach Wegen, ihn aus der Haft zu befreien und Belastungszeugen zu beseitigen. Er fürchtet das Gerede der Alazais und die Mitwisserschaft der Guilabertis bezüglich der Unterstützung von Perfekten. Er verspricht Bernardus aus dem Hause Beneti ein Feld, wenn er vor der Inquisition freiwillig von der Häretifikation des jungen Guillelmus Guilaberti berichte und die Anwesenden nenne. Massiv droht er dem Zögernden mit Anzeige und daß er verbrannt würde (80 a–c). Dessen Frau Ramunda warnt ihn, andere zu belasten, doch er weiß: „Schweig, gute Frau, weil es besser ist, wenn jemand anderem Unheil widerfährt als uns."[235] Bernardus paßt Alazais auf dem Feld ab und bittet sie, ihm Schafe abzugeben, von denen er seine Flucht finanzieren könne, um nicht aussagen zu müssen. „Sie habe geantwortet, sie würde ihm keine Schafe geben, weil, wenn

[233] Ibid., fol. 84 c.
[234] Ibid., fol. 85 b.
[235] Ibid., fol. 80 d.

er sie ausgegeben hätte, würde er wieder andere erbitten."[236] Auch die Guilabertis werden um Geld angegangen (88c) und bleiben hart. Bernardus begibt sich darauf in Begleitung des Bernardus Clerici nach Carcassonne. Doch Alazais will ihm zuvorkommen und gesteht in Pamiers die für sie bereits verjährte Weihe, bestärkt durch Petrus Ademarii, einen Agenten des Bischofs in Montaillou. Doch sie und ihre Mutter werden in Haft genommen. Bald gesellt sich ein weiterer Inhaftierter zu ihnen: Bernardus Clerici, der von seinem Recht, im Gefängnis frei umherzugehen, Gebrauch macht. Er sucht die Zeuginnen auf, die gegen seinen Bruder ausgesagt haben und bittet sie um Rücknahme ihres Geständnisses, so auch Alamanda. „Und dies alles, hat eure Tochter, die hier ist (indem er von Alazais sprach) verursacht, und auch vieles andere, weil sie gestanden hat, sie sei die Hure meines Bruders, des Kaplans, gewesen, was sie aber nicht war."[237] Durch Versprechungen und Drohungen sucht er, Alazais zum Widerruf zu bringen: „Wie konntet ihr nur sagen, mein Bruder habe euch fleischlich erkannt? ... O Hündin, ihr seid wirklich schändlich, weil ihr euch zur Hure macht, ohne es gewesen zu sein."[238]

Er verspricht, den in Carcassonne inhaftierten Arnaldus Fabri durch Bestechung des Wärters zu befreien, doch Alazais bleibt standfest bei der Aussage: „Sie sei die Hure seines Bruders gewesen, der sie wie ein Denunziant getäuscht habe, daß sie anderes aussage, worunter sie sehr leide."[239] Den beiden Frauen, die viel weinen, geht nicht nur die eigene Verhaftung zu Herzen, sondern auch die Tatsache, daß Alamandas Mann keinerlei Anstalten unternimmt, sie zu befreien. Der größte Kummer aber ist, daß durch Alazais' Aussage (81a) der Onkel Guillelmus Fortis als hartnäckiger Sympathisant ausgewiesen und verbrannt wurde. Clerici ruft ihr nach, sobald er sie sieht: „O du Hündin und Denunziantin, du hast dafür gesorgt, daß dein Onkel verbrannt wurde."[240] Beatrix de Ecclesia, als Hauptzeugin gegen ihren ehemaligen Liebhaber Pe-

---

[236] Ibid., fol. 86d.
[237] Ibid., fol. 175d.
[238] Ibid., fol. 176a.
[239] Ibid., fol. 177c.
[240] Ibid., fol. 177c.

trus Clerici ebenfalls inhaftiert, hört die Beschimpfungen und teilt den beiden Frauen mit, Bernardus setze auch andere Frauen unter Druck. Gemeinsam beschließen sie, bei ihren Aussagen zu bleiben (177 c). Petrus Clerici starb 1321 in Haft, ohne widerrufen zu haben. Bernardus wurde aufgrund der vielen Belastungszeugen und -zeuginnen 1324 verurteilt und starb nach einem Monat Kerkerhaft. Alazais und Alamanda wurden 1329 aus der Haft entlassen. Beatrix de Ecclesia wurde 1321 zum Kerker verurteilt, 1322 kam sie unter der Bedingung, das „Ketzerkreuz" zu tragen, frei.

Teil III

„Häresie" im Alltag

1. „Die Ehe hat keinen Wert": Relativierung und Rehabilitation einer Instanz

Die Ablehnung der Sexualität und somit auch der Ehe ist für die Lehre der Katharer von Anfang an charakteristisch. [241] Die Frage nach der Wertigkeit der Ehe wird somit auch zu einem wichtigen Bestandteil des Inquisitionsverfahrens, um „Häretiker" zu ahnden. Ehekritik gehörte zu den Elementarien katharischer Unterweisung. Die Brüder Auterii erklärten, daß „die Ehe nichts sei." [242] Den Verhören unter d'Ablis zufolge, scheint ihre Kritik sich zunächst gegen die Ehe als kirchlich sanktioniertes Sakrament gerichtet zu haben. Das *„matrimonium"*, das die römische Kirche spende, sei für nichts zu achten, die Ehe lediglich eine *„congregatio"* (A 34 r; 36 r; 46 r). Die Wurzeln der Ablehnung aber liegen tiefer. Einer der Auteriis führt einen Gläubigen in die wichtige Erkenntnis ein: „Ferner redete er von der Ehe und sagte, daß Mann und Frau, die miteinander schliefen, nicht gerettet werden könnten." [243] Die Konsequenz, die die Auteriis, beide Familienväter, aus dieser Erkenntnis zogen, haben wir bereits gesehen.

Wie wirkte sich diese Lehre aber auf Gläubige aus, die ganz selbstverständlich in der Ehe lebten? Der Relativierung der Ehe entsprach die angegriffene Position dieser Institution in den äußeren Umständen. In manchen Familien konnten sich nicht mehr alle Mitglieder durch Landwirtschaft ernähren, Söhne verdingten sich als Lohnarbeiter oder Hirten, Töchter, sofern nicht verheira-

---

[241] Belege bei Rottenwöhrer, op. cit. II 2,m pp. 615–701.
[242] Fournier, fol. 101 a; d'Ablis, 46 r.
[243] d'Ablis, fol. 62 v.

tet, als Mägde. Durch die Bekanntschaft mit der katharischen Bewegung kam es zu Streit und Spaltungen in vielen Familien. Zusätzlich gefährdete die Möglichkeit, der Inquisition in die Hände zu fallen, den Familienbesitz. Die Bedrohung des Besitzstandes führte oft zu handgreiflichen Auseinandersetzungen, meist der Männer gegen ihre Frauen, manchmal aber auch der Kinder gegen ihre Eltern. Die Perfekten dagegen, die auf sichere Verstecke angewiesen waren, mußten auf Eintracht in Glaubensfragen hinzielen. Dies geschah zunächst durch die Unterordnung traditioneller familiärer Bande unter das Beziehungsgeflecht der „Familie" der Gläubigen. Erleichtert wird die Wendung zu den neuen Verwandten durch die Idee der „geistlichen Hochzeit". Als „wahre Ehe" wurde gemäß einer allegorischen Auslegung der auf die Ehe bezogenen Stellen des NT die Hochzeit zwischen Seele und Geist gefeiert. In dieser „Hochzeit" verband sich die im Menschen wirksame *anima* mit ihrem aus dem Himmel stammenden, unsterblichen Pendant. Ein analoges spirituelles Band ist zwischen den Geistern der Menschen geknüpft, die Einsicht in den Glauben haben. Der Hirte Petrus Maurini hat gehört, „daß alle Menschen unter sich einer dem anderen nach dem Körper nicht weiter verwandt seien, weil alle menschlichen Körper aus einer Erde gemacht seien und zu derselben Erde zurückkehrten, und deswegen sagten die Häretiker auch ‚unser sogenannter Vater, mein sogenannter Sohn' und so von allen ihren Verwandten. Aber die Häretiker unter sich würden sich Brüder nennen, und, wie sie sagten, die Gläubigen unter sich sollten sich mehr lieben, als ein Gläubiger den eigenen Bruder liebe, der nicht glaube, weil die Gläubigen eine gute Seele und einen guten Geist besäßen, weil sie beide die ‚Einsicht' *(entendensa)* besäßen."[244] Ehen konnten daher aus Glaubensgründen gelöst werden. Ein Perfekter befindet über eine Frau, die von ihrem Mann geschlagen wird: „Da Guillelma nicht mit ihrem Gatten leben könne und da es gut sei, daß sie von dem ‚schlechten Weg' abgebracht werde und auf den ‚guten' geleitet, sei es vonnöten, sie einem anderen Gläubigen zu geben." Der „schlechte Weg" bezeichnet das Zusammenleben mit

---

[244] Fournier, fol. 272 d.

einem Ehemann, der die Anwesenheit von Katharern in seinem Haus nicht duldet. Der Perfekte präzisiert: „Ihr anderen seid angehalten, jede gläubige Frau und jeden gläubigen Mann vor dem Bösen zu bewahren wie euch selbst", denn „es gebe keine anderen Verwandten als die ‚guten Christen', d. h. die Häretiker und ihre Gläubigen, und diese seien untereinander Brüder und Schwestern."[245] Petrus Maurini, an den diese Worte gerichtet sind, damit er seine Schwester dem schlagenden Ehemann entführe, gibt zu bedenken, daß die römische Kirche Ehen unter Blutsverwandten verbiete: Also müsse „Verwandtschaft" doch etwas gelten. „Ein Esel bist du!" erhält er zur Antwort, „weil die Ehe, die in der römischen Kirche vollzogen wird, keine Angelegenheit von Stabilität oder eine gute Sache ist, sondern die Heirat die der Sohn Gottes ›zwischen Seele und Geist‹ vollzieht, ist eine gute Angelegenheit und von Stabilität."[246]

So ermöglichte die Relativierung der Ehe manchen Frauen die Flucht aus einer unerträglich gewordenen Beziehung. Doch es gab auch Männer, die ihre Frauen verstießen. Fabrissa den Riba wird von Ehemann und Schwiegermutter aus dem Haus getrieben, weil diese in ihrer Gegenwart keine Perfekten zu empfangen wagen (66 c). Mühsam schlägt sie sich mit Weinhandel durch. Eine andere Sympathisantin der Katharer fürchtet, von ihrem „rechtgläubigen" Mann verlassen zu werden (68 a). Im Falle einer Trennung mußten in der Regel Frauen die *domus* des Mannes verlassen, was, wenn sie nicht bei ihrer Familie unterkommen konnten oder Vermögen besaßen, schwerwiegende Konsequenzen für sie haben konnte. Das Netz der Gläubigen konnte, wie wir noch sehen werden, einige Frauen allerdings auffangen.

Trotz aller Kritik mußten sich die Perfekten damit abfinden, daß die Mehrzahl ihrer Gläubigen in dieser Lebensform ausharrte und zu heiraten gedachte. Zudem waren die Prediger auf das Haus als Unterschlupf und Wirkstätte angewiesen. Kriterium der Ehe wird für sie aus pragmatischen Gründen die Übereinstimmung der Ehegatten im wahren Glauben. Oft greifen daher anerkannte

---

[245] Ibid., fol. 255 a.
[246] Ibid., fol. 94 a.

Gläubige in Eheverhandlungen ein. Eine dieser Autoritätsfiguren ist in Montaillou die alte na Roqua, deren Einfluß die Magd Ramunda schmerzlich zu spüren bekommt. Sie liebt ihren Dienstherren Bernardus Beloti und hat zwei Kinder mit ihm. Deshalb „arbeitete ›sie‹ und machte, was sie konnte im Hause des Bernardus Beloti", um geheiratet zu werden. Der Schuster Petrus Vitalis, der im selben Haus lebt, klärt sie darüber auf, „auch wenn sie so reich wie irgendeine Frau der Grafschaft Foix sei, würde Bernardus sie nicht nehmen, weil sie nicht vom Glauben, Bekenntnis und Gesetz des Bernardus sei, und: Na Roqua hat Bernardus gesagt, daß er dich nicht zur Frau nehmen soll, weil er dir nicht vertrauen könne."[247] Der armen Ramunda nutzt selbst „Nachhilfe" in den katharischen Grundlehren nichts, ihr Geliebter heiratet die Nachbarstochter, die nicht nur „gläubig", sondern auch reich ist. Seine Mutter befürwortet die „gute Partie", hat aber Zweifel, da die junge Frau mit den „häretischen" Auteriis verwandt ist, aber na Roqua beruhigt sie: „Sie solle wohl zufrieden sein, solch eine Schwiegertochter zu haben, weil sie von gleichem Glauben sei wie sie selbst und sie ihr vertrauen könne und weil sie sie lieben und schätzen könne."[248] Gegenseitiges Vertrauen wird zu einem wichtigen Kriterium einer Ehe. Auch Männer können unter gegenseitigem Mißtrauen leiden. Der Adlige Bertrandus de Taxio ist ein alter Anhänger der Katharer und grämt sich darüber, daß viele seiner Standesgenossen seine Überzeugung nicht teilen. Wenigstens in seiner Frau will er eine Gesprächspartnerin haben, begeht jedoch einen verhängnisvollen Fehler. Da er seine Braut vorher nicht gesehen hat, bemerkt er erst nach der Hochzeitsnacht, daß er statt der gläubigen Tochter des Pons den Esshaura aus Larnat eine Tochter Esshaura aus Larcat geheiratet hat, die mit dem Glauben ihres Mannes nichts zu tun haben will. (287 c; 288 bc). Ein Besucher erinnert sich an ein gemeinsames Mahl: „Er finde kaum noch jemand, mit dem er über diese Sache reden könne", beklagt sich Bertrandus über den Rückgang der Gläubigen aus dem Adel. „Flors, seine Frau, antwortete ihm: ›Schweigt,

[247] Ibid., fol. 94 a.
[248] Ibid., fol. 94 a.

verdammt noch mal, weil wegen dieser guten Menschen, d. h. der Häretiker, viele ›wirklich‹ gute Menschen dieser Gegenden ihre Güter verloren haben, und viele gute Häuser sind ihretwegen verloren und zerstört.' Er antwortete ihr: ‚O altes Weib, das wurde wegen der Gemeinheit und Macht der Kleriker so gemacht ...'"[249] Kein Wunder, daß Bertrandus seine Ehe als „hart" (dura) bezeichnet (288 b).

Dieses Beispiel dokumentiert, daß es wichtig erschien, eine eigene Eheethik für die Gläubigen zu entwickeln. Das Problem stellt sich verschärft im katalonischen Exil, wo Restfamilien aus Witwen und ihren Kindern sich mit Wanderhirten zu einer neuen Gemeinde finden. Ziel der kleinen Familienverbände mußte es sein, durch Heiraten der Kinder untereinander Ehen mit „Andersgläubigen" zu verhindern. „Wir geben ›Arnaldus‹ dieses Jahr noch keine Frau, bis wir Leute oder eine Frau finden, der wir vertrauen können, weil wir die Leute hier nicht kennen", entscheidet Guillelma Maurini für ihren Sohn.[250] Der Perfekte Belibasta unterstützt sie darin: „Die Leute in dieser Gegend sind stolz und, sobald sie Frauen genommen haben, wollen sie sich gleich von den Eltern trennen, und wenn die Ehefrauen ‚nicht vom Glauben' sind, können wir ihre Häuser nicht betreten", sucht er das Interesse des einen Sohnes an einer Frau des neuen Wohnortes zu dämpfen.[251] Die Frauen der Gegend seien zwar treu, würden sich aber sicher nicht vom Bett ihres Mannes entfernen, wenn er im Sterben liege, und wie solle der Perfekte ihn dann weihen? Auch die Hirten, die auf die Sommerweiden nach Foix ziehen oder auch, weil die Sehnsucht nach der elterlichen domus sie lockt, gilt es in Katalonien zu binden, damit sie nicht der Inquisition zum Opfer fallen und ihre Freunde verraten (262 a). An erster Stelle soll Belibastas treuester Anhänger und bester Freund Petrus Maurini zur Seßhaftigkeit bekehrt werden. Dies geschieht einmal durch Lösung der Bande zur Herkunftsfamilie. Petrus solle die Gläubigen mehr lieben als seine Eltern, notfalls den eigenen Bru-

[249] Ibid., fol. 288 d.
[250] Ibid., fol. 155 d.
[251] Ibid., fol. 263 b

der opfern, falls dieser zum Verrat fähig sei, ja, auch seine Paten-
kinder, die er aus Sorge um sein Seelenheil wie um eine gute
Unterkunft bei deren Eltern angenommen hat, aufgeben. Das an
diesen gesparte Geld solle er lieber dem Perfekten zukommen lassen (267 a; 272 d). Er gebe sein Geld aus, wie es ihm beliebe, wehrt
sich der Angesprochene. Dem sollen durch eine Ehe die Flügel ge-
stutzt werden: „Eins will ich euch sagen, ihr könnt nicht immer
wie ein Vogel herumschweifen *(volare)*. Ich schlage vor, daß ihr
eine Frau nehmt, die ‚vom Glauben‘ ist und mit der ihr zusam-
menbleibt, die euch im Alter dient und mit der ihr viele Söhne
und Töchter habt, die euch gefallen und die euch in Krankheit
beisteht und ihr ihr, weil ihr nicht vor ihr auf der Hut sein müßt,
denn wenn ihr krank seid, könnt ihr für einander jemanden holen lassen ‚um die Weihe zu vollziehen‘.“ [252] In seiner Anpreisung
der Ehe wiederholt der Perfekte Versprechungen, mit denen
schon das böse Prinzip die Engel auf die Erde gelockt hatte. Kinder
und Familie bleiben als traditioneller Wert für die ohnehin verlorenen Gläubigen erhalten. Recht bieder präsentiert sich auch das
weitere Plädoyer für die Ehe. In Anspielung an die zahlreichen Geliebten des Freundes rät Belibasta, „wenn er sich der Frauen nicht
enthalten könne, werde er ihm selbst eine gute finden, die densel-
ben Glauben habe wie er und seine Güter bewahre. Und ihr werdet Kinder haben, die euch Gutes tun und euch im Alter
dienen.“ [253] Zwar sei es immer Sünde, wenn ein Mann mit einer
Frau schlafe, „aber es sei besser, wenn ein Mann mit einer bestimmten zusammen sei, weil, wenn ein Mann zu vielen gehe und
mit ihnen Hurerei treibe, werde er Kinder und Bastarde von ihnen
haben, aber wenn sich der Mann an eine bestimmte halte, helfe
diese dem Mann, gut Haus zu halten, aber wenn er zu verschiedenen ginge, würde jede von ihnen rauben und raffen von ihm, was
sie könne, und so werde der Mann durch sie arm gemacht.“ [254]
Seßhaftigkeit, Stabilität, Sicherheit und Besitz sind Werte, die im
Leben der „Welt“ anerkannt werden. Die Frau als Mutter und

---

[252] Ibid., fol. 263 a.
[253] Ibid., fol. 262 c.
[254] Ibid., fol. 262 c.

Haushälterin, die daneben Gesprächspartnerin des Mannes ist, bleibt Idealbild. Auffällig ist, daß Belibasta gerade das Wanderleben des Freundes mißbilligt. Noch in Foix hatte er ihn zu einer Heirat überreden wollen, damit er im Haus seines Schwiegervaters „bleiben" könne (249 c). Diese Wertschätzung von Seßhaftigkeit und Stabilität macht vielleicht den Erfolg des katharischen Mythos verständlicher: Ruhe und Stabilität hatten die Engel leichtsinnig aufgegeben, wie die Menschen sehnten sie sich nun nach Sicherheit.

Schließlich gelang es Belibasta, den Freund zu einer Ehe, und zwar mit seiner Begleiterin Ramunda, zu überreden. Maurini berichtet, wie die „Trauung" mit Belibasta als einzigem Zeugen ablief: „Wiederum befragt, ob er von den Häretikern gehört oder geglaubt hätte, daß die Hochzeitssegnung, wie sie die römische Kirche praktiziere, wertlos sei, und daß es genausoviel wert sei, wenn ein Mann irgendeine Frau nehme, nicht aber zur Ehefrau, und ihr verspreche, ständig mit ihr zusammenzusein und dies auch erfülle, als ob er besagte Frau geheiratet hätte, antwortete er, er habe von dem Häretiker gehört, daß nichts, was von der römischen Kirche vollzogen würde, irgendeinen Wert besäße und auch, daß der Hochzeitssegen wertlos sei, noch habe der Sprecher, als die Hochzeit zwischen ihm und Ramunda stattfand, die Kirche zum Hochzeitssegen besucht … Der Häretiker ›habe nichts gesagt‹ als: ‚Man kann sagen, daß es gut ist, so Gott will, daß ihr, Petrus, und ihr, Ramunda, euch verbindet, damit ihr Söhne und Töchter habet, und wenn ihr euch einander versprecht, euch gegenseitig in Gesundheit und Krankheit nicht zu verlassen.' Und der Sprecher und Ramunda antworteten, daß es ihnen recht sei; aber weder sie noch der Häretiker hätten untereinander ausgeführt: ‚Ich nehme dich zur Frau' und ‚Ich nehme dich zum Mann' … Und so machte besagter Häretiker kein Unterschied zwischen Hochzeit und Zusammenleben und nannte es eine gleiche Sünde, eine Sache mit der Ehefrau zu haben oder mit der Geliebten oder in einer Wohngemeinschaft *(contubernium)*."[255] Hier haben wir keine Trauzeremonie „der Katharer" vor uns oder gar ein Zeugnis

---

[255] Ibid., fol. 272 c.

ihrer libertären Ethik. Eine Eheschließung aus dem Konsens der Eheleute, in Zukunft zusammenzuleben, auch vor einem Laien gegeben, galt durch das ganze Mittelalter hindurch durchaus als „Ehe". Erst Synoden des 13. Jahrhunderts forcierten, insbesondere in Frankreich, eine förmliche Eheschließung vor dem Priester. Dies war nicht nur eine Machtfrage, um Einfluß vor allem auf die Hochzeitspolitik Adliger zu nehmen. Es konnte auch dem Schutz der Frauen dienen, die nicht einfach verstoßen werden konnten. Die ausdrückliche Befragung durch den Inquisitor belegt, daß der kirchliche Brauch bereits in bäuerliche Kreise vorgestoßen war.[256] Ramunda und Petrus vollzogen nichts „Neues", sondern was aus älteren Praktiken bekannt war. Wie wir noch sehen werden, „heiratet" die adlige Beatrix de Ecclesia ihren jungen Geliebten auf ähnliche Weise vor einem Notar. Der kirchliche Segen bleibt aus, da dieser Kleriker ist. Auch die Presbyter in Palhars dürfen unter stillschweigender Duldung des Bischofs Frauen nehmen, indem sie ihnen und ihren Eltern schwören, sie nie zu verlassen (45 bc).[257] Die Eheschließung der beiden Gläubigen gleicht also dem Notbehelf kirchlich nicht anerkannter Ehen und der Praxis ärmerer Schichten.

Ebenso formlos, wie sie trotz des Versprechens ewiger Treue geschlossen wurde, kann die Ehe auch wieder geschieden werden. Wir haben bereits gesehen, daß die Perfekten der Trennung gemischtgläubiger Paare zustimmten. Auch Ramunda und Petrus

---

[256] Michael Schröter, „Wenn zwei zusammenkommen in rechter Ehe ..." Sozio- und psychogenetische Studien über Eheschließungsvorgänge vom 12. bis 13. Jahrhundert. Ffm. 1985, pp. 234; 322; 337. Zur Auseinandersetzung zwischen Kirche und Adel: Georges Duby, Ritter, Frau und Priester. Die Ehe im feudalen Frankreich. Ffm. 1985. Vgl., ders., Le mariage dans la société du haut Moyen Age. In: Ders., Mâle Moyen Age, de l'amour et autres essais. Paris 1988, 11–33.

[257] Gegen solche Klerikerehen waren schon die Wanderprediger des 12. Jahrhunderts vorgegangen: „Es war nämlich in jenen Zeiten durch die ganze Normandie hindurch Brauch, daß die Presbyter öffentlich Frauen mit sich führten, Hochzeiten feierten, Söhne und Töchter zeugten, denen sie nach dem Erbrecht nach ihrem Hingang Kirchen hinterließen ... Wenn sie aber Frauen nahmen, schworen sie vor der Hochzeit den Eltern öffentlich, sie niemals zu verlassen." Aus der Vita B des Bernhard von Thiron, MPL 172, Sp. 1397.

trennen sich, als das Zusammenleben in einem Haus mit Belibasta unerträglich wird. Der Perfekte verspricht dem ohnehin nicht ehebegeisterten Maurini, die Ehe zu lösen, da Ramunda zustimme. „Nachdem er von dem Häretiker aus der Ehe gelöst worden sei, versprach er dem Häretiker, daß er weiterhin nie wieder mit Ramunda als seiner Frau zusammenleben wolle, und er habe daher Ramunda, bis der Häretiker verhaftet wurde, nicht mehr fleischlich erkannt."[258] Konstituierend für die Ehe gelten hier Zusammenleben und Sexualität (272 c), deren Ende die Aufgabe der ehelichen Gemeinschaft signalisiert. Die Scheidung wird in genanntem Fall noch erleichtert, da keine Zeugen oder rächende Verwandte anwesend waren.

Eheschließung und Scheidung der Ramunda Martini werden aus der Sicht des Petrus Maurini und anderer Zeugen als Handel unter Männern geschildert. Auch in weiteren Aussagen über die rechte Ehe erscheinen Frauen als „Heiratsobjekte": Einmal, da sie auch im Exil in das Haus des Mannes kommen, dann auch, weil es in den überlieferten Texten um die Verheiratung von Söhnen geht. Petrus Maurini gibt eine weitere „Trauzeremonie" zu Protokoll: „Die Häretiker selbst halten aber so die Hochzeit zwischen einem Mann und einer Frau ihrer Gläubigen, indem sie ihren Eltern sagen: ‚Es ist notwendig zu begreifen, daß das Gute sich mit dem Guten verbindet, und wenn es ein Mann tun will, ist es gut, wenn nicht, dürfen wir nichts anderes tun', und dann fügen sie hinzu: ‚Es wäre gut, so Gott will, daß euer Sohn eine ebenfalls gläubige Frau heiratet, die Tochter eines ebenfalls Gläubigen, da ein Mensch einen guten Feigenbaum vor sein Haus pflanzen soll und keinen schlechten Dornbusch oder -strauch. Und weder Mann noch Frau sollen sich Sorgen um Reichtümer machen, wenn er oder sie heirateten', sondern er sagte, daß nur Gläubige sich verbinden sollten, weil dann der gute Mensch, d. h. der Häretiker, in ihr Haus kommen könne ..., und wenn einer von ihnen krank wäre, könnte durch den anderen Sorge getragen werden, daß der Kranke durch besagte Häretiker häretifiziert werden."[259]

[258] Fournier, fol. 263 d.
[259] Fournier, fol. 272 b.

Hier wird von der Zustimmung des Familienverbandes ausgegangen. Zentral ist – wie in der katholischen Zeremonie – zwar die „Verbindung" der Eheleute und nicht die der Familie anvertraute *traditio* der Braut. Die Metapher vom Feigenbaum geht von der traditionellen Übersiedlung der Frau in das Haus des Mannes aus. Ziel der Ehe ist das „Verbinden des Guten", welches der Perfekte bekräftigt, doch ist die Eheschließung ganz in das Belieben der Familie gestellt. Die „katharische Eheschließung" steht in der weit älteren Tradition der Ehe als *coniunctio*, sie entspricht älterem Gewohnheitsrecht. Formuliert sind die genannten Trautexte aus der Sicht von Männern, und es ist zu bezweifeln, ob die gelockerte Traupraxis Frauen eine größere Freiheit gewährte, da nach wie vor die Familien die Ehen verhandelten. Neu sind allerdings die Unterordnung finanzieller Erwägungen unter den gemeinsamen Glauben, die Aufwertung der Frau als Gesprächspartnerin und das Versprechen gegenseitiger Hilfe, das *consolamentum* zu erlangen. Eine solche Ehe auf gleicher geistiger Grundlage preist Belibasta: „Es sei ein großes Gut für einen gläubigen Mann, wenn er eine gläubige Frau habe, weil sie dann ohne Furcht vom Glauben und ihrer Sekte untereinander reden könnten ..."[260] Er selbst sieht sich als Zeuge, nicht in der Funktion eines „Priesters" bei der Eheschließung. So formlos und ohne Glanz wollten die Gläubigen ihre Ehen jedoch nicht vollziehen, sie bitten den Perfekten ausdrücklich, bei Hochzeiten anwesend zu sein. Guillelma Maurini läßt für den bereits genannten Sohn sorgfältig einen sarazenischen Wahrsager befragen, ob sich nicht bald eine gute Partie bietet.

Erst durch das Bedürfnis ihrer Gläubigen nach geistlicher Begleitung dieses Rituales wurden sie zur Ausbildung eigener Zeremonien genötigt. Die uns überlieferten Praktiken sind dabei kein eigenes Werk, sondern greifen auf ältere, noch nicht kirchlich kontrollierte Eheschließungsformen zurück.

---

[260] Fournier, fol. 125 a.

2. „Frauen sind Dämonen":
Biologische und soziale Elternschaft

Ächtung der Sexualität hieß auch Ablehnung der Elternschaft: „Er selbst wolle, daß kein Mann sich fleischlich mit einer Frau verbinde und daß keine Söhne und Töchter geboren würden, weil, wie er sagte, so in Kürze die ganze Kreatur Gottes gesammelt würde, wonach er sehr verlange", vertraut Belibasta einem Freund an.[261] Embryonen wurden als unbeseelte Körper angesehen, in die die Seele jüngst Verstorbener eingehen könne (37 d). Mutter und Vater stellten so nur die Hüllen her, in der die Seele gefangen saß und wirkten Hand in Hand mit dem bösen Prinzip.

Wir haben bereits gesehen, wie der Katharismus Frauen eine andere Lebensform als die Familie zumindest als Möglichkeit sichtbar machte und daß Frauen Mann und Kinder verließen, um ihrem Heilsweg zu folgen. Doch die Frauen, die mehr oder weniger freiwillig und selbstverständlich in einer Ehe lebten und Kinder bekamen, wurden durch den Katharismus in schwere Konflikte gebracht. Ältere katharische Zeugnisse sprechen Frauen, die während der Schwangerschaft sterben, die Seligkeit ab oder bezeichnen Schwangere als „dämonisch".[262] Aus anderen Inquisitionsakten ist die Verhöhnung Schwangerer bekannt. So weit gehen die unserer Untersuchung zugrundeliegenden Zeugnisse nicht, Kindern werden sogar als Grund der Lebensfreude gewürdigt. Doch geht mit der Anerkennung der sozialen Elternschaft eindeutig die Abwertung der biologischen Elternschaft, d. h. eines Aspektes der weiblichen Sexualität, einher. Die Nichtswürdigkeit des weiblichen Körpers zu betonen, war der asketischen Religion der Katharer eigen, hatte aber eine Grundlage in ähnlichen Einschätzungen der katholischen Kirche. Wie weit Frauen diese Verachtung verinnerlichen konnten, zeigt das Beispiel der Auda Fabri, die wir zu Anfang kennengelernt haben.

---

[261] Fournier, fol. 128 b.
[262] Moneta Venerabilis Patris Monetae Cremonensis Ordinis Praedicatorum S. P. Dominici aequaleis adversos Catharos et Valdenses libri quinque. Ed. Th. Ricchini. Rom 1743, 227 A; 287 A; 320 A; 330 A; 335 B.

Soziale Elternschaft dagegen wurde auch von den Perfekten als traditioneller Wert [263] gewürdigt. „Ihr werdet Kinder haben und euch mehr über ein Kind freuen, daß ihr selbst habt, als über die ganze Ruhe, die ihr hier habt." [264] Mit diesen Worten hatte zwar das böse Prinzip die Engel an den Rand des Abgrundes gelockt, doch erscheint hier Elternschaft als Grund, der zum Verlassen des Himmels durchaus plausibel erscheint. Daß Kinder Freude bereiten, wird von den Perfekten sogar betont, wobei kein Unterschied zwischen Söhnen und Töchtern gemacht wird. „Ihr werdet Kinder haben, die euch Gutes tun und euch im Alter dienen", hatte Belibasta zugestanden. Kinder sollten nämlich auch die Altersversorgung garantieren. Sorge um das Seelenheil des Kindes und materielles Interesse der Eltern konnten hierbei in Konflikt geraten. Der sechzehnjährige Guillelmus Guilaberti, der bereits als Hirte für sich und seine Mutter Geld verdient, fleht in schwerer Krankheit seine Mutter an: „O Mutter, wenn es euch doch recht wäre, daß irgendein ‚guter Christ' käme und meine Seele rettete!" Er stößt auf Widerspruch: „Sohn, tu das nicht, da es nicht genug ist, daß ich dich verliere, wobei ich keinen anderen Sohn habe, und es nicht sein darf, daß ich um deinetwillen aller meiner Güter verlustig gehe." „Mutter, ich bitte euch, laßt es zu, und hindert es nicht", bittet der Sohn weiter, der schließlich durch Fürsprache der Schwester doch noch seine Weihe erhält. [265] Guillelmus verdankt seine Weihe seinem Alter; unter zwölf, ja sogar achtzehn Jahren sprachen die Katharer Kindern in der Regel die Entscheidungsfähigkeit und somit die Möglichkeit der Weihe ab (250 a). Aus diesem Grund mußten sie auch die Taufe ablehnen. „Das Kind wird nämlich gefragt: ‚Willst du getauft werden?'", belehrt Petrus Auterii eine Anhängerin, „und an seiner Statt wird geantwortet: ‚Ich will', auch wenn es nicht will, im Gegenteil, es weint, wenn es getauft wird. Es wird gefragt, ob es glaube dies oder jenes, und an seiner Statt wird geantwortet; es glaubt aber gar nicht, weil es noch keinen Verstand hat ... Und deswegen sei unsere Taufe

[263] Fournier, fol. 262 c.
[264] Fournier, fol. 251 b.
[265] Fournier, fol. 86 b.

nichts wert, aber ihre sei gut, weil durch den heiligen Geist und nicht durch Wasser und weil sie erwachsen seien und den Verstand gebrauchen könnten, wenn sie getauft würden."[266]

Über das Schicksal verstorbener Kleinkinder – Fegefeuer oder Reinkarnation – machten sich die Katharer keine weiteren Gedanken (223 b) – anders als ihre Gläubigen. Am Beispiel der Sibylia Petri haben wir bereits gesehen, wie die Frage nach dem Wohlergehen der Kinder Frauen in Konflikte stürzen konnte. Wenig anders ergeht es Mengardis Buscalh, deren Sohn zwei bis drei Monate alt und sehr krank ist, so daß ihr Schwager zur Weihe rät. „Sie solle dem Kind hinterher keine Milch geben noch irgendetwas anderes, sondern ihm erlauben zu sterben. Und als sie das hörte, sagte sie, daß sie es auf keinen Fall aufgeben werde, dem Jungen die Brust zu geben, solange er lebe, weil er nämlich ein Christ sei, und nicht sündig gemacht außer durch sie, und sie glaubte, wenn sie das Kind verliere, werde es Gott haben. Und Guillelmus antwortete, daß Gott die Seele des Kindes eher haben werde, wenn es durch die guten Menschen geweiht worden sei als auf andere Weise, weil es dann ein Engel Gottes sei …"[267] Mengardis ließ das Kind nicht weihen, während ihr Schwager sicher nicht aus Hartherzigkeit, sondern in der Überzeugung, daß die katharische Weihe das Kind erlöse, dieses Gott anvertrauen wollte.

Wie dieses Anvertrauen aussehen konnte, demonstriert Guillelmus Austatz aus Ornolac, der seine Patin, die in kurzer Zeit vier Kinder verloren hat, zu trösten versucht: „‚Sei nicht traurig, du wirst sie zurückerhalten' … und zwar werde sie ihre Söhne noch in dieser Welt zurückerhalten, weil, wie er sagte, wenn sie schwanger würde, die Seele eines ihrer verstorbenen Kinder oder Söhne in der Schwangerschaft reinkorporiert werden, und so werde es nach und nach mit den Seelen der anderen verstorbenen Kinder geschehen."[268] Diese tröstliche Auslegung der Wiedergeburtslehre sowie die Sorge vieler Eltern, ihr sterbendes Kind weihen zu lassen, ist wohl eher ein Beispiel für die Anwendung der

---

[266] Fournier, fol. 202 d; 203 a.
[267] Ibid., fol., 105 a; vgl. 106 c
[268] Ibid., fol. 31 d.

katharischen Doktrin durch die Gläubigen auf konkrete Situationen als ihre direkte Frucht. Es ist der Versuch, die weltablehnende Lehre der Perfekten in von der „Welt" aufgezwungenen Lebenslagen anzuwenden. Die zwiespältige Haltung der Katharer zur Mutterschaft konnte unter Umständen Frauen zu einem anderen Lebensziel verhelfen, es ist aber nicht zu übersehen, daß sie im Grunde auf der Ablehnung weiblicher Sexualität beruht. Die streng weltabgewandte Ethik der Katharer ließ Menschen in alltäglichen, konkreten Notsituationen, wie dem Tod eines Kindes, mehr oder weniger im Stich. Dieses Versagen wird mit zum Untergang dieser Bewegung beigetragen haben.

3. Sexualität – Sünde, Schande oder Lust?

Jede Form von Sexualität wurde von den Katharern rigoros abgelehnt. „Wenn irgendwer gleich welche Frau fleischlich erkenne, steige der Gestank dieser Sünde bis zum Himmelszelt, und dieser Gestank verbreite sich durch die ganze Welt", soll der selbst von Anfechtungen nicht ganz freie Belibasta seinen Gläubigen vermeldet haben. [269] Die Gläubigen hörten dies mit gemischten Gefühlen, hielten sie doch die Familie hoch und leisteten sich ab und zu, wenn auch schuldbewußt, kleine „Sünden". Uneheliche Kinder, auch von Priestern, waren keine Ausnahme und wurden manchmal sogar im Haus des Vaters großgezogen. Außereheliche Verhältnisse und gelegentliche Seitensprünge gehörten ebenso zum Alltag. Ramunda Vitalis gibt über das Liebesleben ihres Mannes Auskunft: „Sie sagte aber, daß zu jener Zeit ihr Mann oft das Haus verließ und dann nach langer Zeit in derselben Nacht zurückkehrte. Sie selbst ... glaubte, daß er zu irgendwelchen Frauen ging, darunter war die Tochter des Ramundus Riba, und die andere Alazais Gavela, auf welche sie sehr eifersüchtig war." [270] Auch Männer konnten eine unangenehme Überraschung erleben. „In seinem Haus habe er Arnaldus Laufredi gefunden", berichtet des-

---

[269] Ibid., fol. 220 b; 223 b.
[270] Ibid., fol. 162 c.

sen Bruder einem nichtsahnenden Bekannten, „im Bett seiner ›in-zwischen‹ verstorbenen Frau Sperte ... und er wollte mit seiner Frau fleischlich schlafen, wenn er nicht dazugekommen wäre."[271]

Was interessierte nun die Inquisition an diesen Episoden, und warum reichte eine solche Nachricht aus, um Arnaldus Laufredi in den Verdacht der Ketzerei zu bringen? Zweifellos nicht der Ehe-bruch, aber der Ehebruch mit der Frau seines Bruders. Den Inzest zwischen Verwandten zu erlauben, war ein Hauptvorwurf der In-quisition gegen die „moralische Verkommenheit" der Perfekten. Belibasta habe gelehrt, daß es „eine Schande" sei, sich Frauen aus der Verwandtschaft zu nähern, nie hätten die Perfekten dies die Gläubigen gelehrt, berichtigt ein Zeuge (272 d). Sicher, einige Gläubige praktizierten dies, weil sie keine Schändlichkeit zu tun fürchteten im Vertrauen darauf, an ihrem Ende geweiht zu wer-den. In der Tat legten einige Gläubige die strengen Askeseregeln, die auf der Seite der Verlorenen jede Sünde gleich schwer gelten ließen, in ihrem Sinne aus. Sexualität sei in jedem Fall Sünde, mit der eignen Frau oder mit einer anderen, also wogen Ehebruch und Inzest nicht schwerer als Sexualität in der Ehe. „Eher ließe sie es zu, sich von vier anderen Männern erkennen zu lassen als von einem Priester", weist Beatrix de Ecclesia einen aufdringlichen Beichtvater ab, „weil sie gehört habe, daß keine Frau, die von einem Priester fleischlich erkannt werde, daß Angesicht Gottes schauen werde." „Nein, es sei eine genauso große Sünde, wenn eine verheiratete Frau von ihrem eigenen Mann fleischlich er-kannt werde als von irgendeinem anderen ..., mit dem Ehemann sei es sogar eine noch größere Sünde als mit einem anderen, weil die Frau nicht zu sündigen glaube, wenn sie von ihrem Mann er-kannt werde", wendet der Pfarrer Petrus Clerici die katharische Doktrin auf seine Situation an.[272] Noch manch anderer nahm diese Argumentation in das Repertoire seiner Verführungskünste auf. Hierbei ging es nicht nur darum, die Ehefrauen für ein Aben-teuer zu gewinnen, sondern auch um die Frage, bis zu welchem Verwandtschaftsgrad Menschen miteinander sexuellen Umgang

---

[271] Ibid., fol. 144 c.
[272] Ibid., fol. 38 cd.

pflegen konnten. Darf ein Mann mit zwei Schwestern, eine Frau mit zwei Brüdern schlafen? Petrus Clerici macht seine Geliebte mit seiner eigenen Auslegung vertraut: Wenn seine Brüder seine Schwestern heirateten, bliebe der Familienbesitz erhalten, die *domus* integer (39 a). Diese extreme Position kennzeichnet nun nicht etwa eine besonders abstruse Folge katharischer Ethik, sondern die durch die ganzen Protokolle hin spürbare Unsicherheit der Bevölkerung, welche Beziehungen überhaupt erlaubt seien. Die Diskussion darüber vollzieht sich vor dem Hintergrund einer immer subtileren Differenzierung durch die römische Kirche bezüglich des Inzestverbots. Die gezielte Befragung durch die Inquisition nach möglichen Verwandtschaftsehen spiegelt so den Versuch vonseiten der Kirche, immer größeren Einfluß auf die Eheschließungspraxis zu nehmen. Besonders wandte sie sich gegen die dörfliche Endogamie, d. h. die Tendenz, nur untereinander zu heiraten. Die Lehre der Katharer wurde lediglich im Sinne dieser Praxis von der Dorfbevölkerung genutzt. Die Perfekten kamen nicht dazu, eine eigene Ethik für die Gläubigen zu entwerfen, so erklärten sie Verwandtschaftsehen zwar nicht als größere Sünden, aber der allgemeinen Moral entsprechend als „Schande" (51 a).

Gleichwohl witterten die Inquisitoren hinter einer solch „liberalen" Einstellung zur Sexualität oft den Hang zur Häresie. Ein einfaches Männergespräch „über Frauen" konnte oft schwerwiegende Folgen haben. Mit einer Prostituierten zu schlafen, sei keine Sünde, wenn man sich über den Preis einig sei, befindet Petrus Vitalis in einem Gespräch – und wird angezeigt (282 d–284 b). Ob katharisch beeinflußt oder nicht, bei den meisten Diskussionen und Meinungen über Sexualität handelt es sich um Aussagen von Männern, in denen Frauen, ob Ehefrau, Geliebte oder Prostituierte, als Objekte erscheinen. Deutlich wird dies auch bei der Wortwahl. *Cognoscere carnaliter*, vom Übersetzer vielleicht auch wegen des biblischen Hintergrundes am häufigsten gebraucht, ist immer Aktivität des Mannes (Ausnahme: 56 d), andere Widergaben volkssprachlicher Ausdrücke sind *iacere carnaliter*, „miteinander schlafen", oder bei Gelegenheitsbeziehungen *rem habere*, „eine Affaire haben". „Lieben", *adamare* gebraucht nur der Hirte

Petrus Maurini für eine Geliebte und – eine Seltenheit – Bernardus Clerici, Bruder des berüchtigten Petrus, für seine Frau. Das etwas schwächere *diligere,* „gern haben", ist sprachlich in den meisten Fällen für die Sympathie den Perfekten gegenüber reserviert.[273] Konnte der Spielraum, den die Männer aufgrund der undeutlichen katharischen Sexualethik für sich in Anspruch nahmen, auch von Frauen genutzt werden? Die Zeugnisse hierfür sind rar und bei näherem Hinsehen ambivalent. Eine originelle Anwendung findet sich bei einem Mann: Johannes Joufredi, einem 1321 verhörtem Häresieverdächtigen aus Tignac, werden als Irrtümer ausdrücklich angekreidet: „Es sei keine Sünde, eine Frau fleischlich zu erkennen, Hauptsache, es gefalle ihr, auch wenn sie verheiratet sei, Hauptsache, der Mann erfahre es nicht. Außerdem: Es sei eine Sünde, wenn eine fremde Frau einen Mann zur fleischlichen Sünde aufreize oder bitte, wenn der Mann sie nicht fleischlich erkenne."[274] Diese sympathische Ansicht sollte die junge Grazida Licerii aus Montaillou in die Tat umsetzen. Ihre Mutter Fabrissa war von ihrem Ehemann, einem begeisterten Gläubigen, wegen fehlender Sympathie für die Katharer aus dem Haus geworfen worden und schlug sich nun mit Weinhandel durch. Sie drückte daher beide Augen zu, als Grazida ein Verhältnis mit dem reichen Petrus Clerici anfing, dessen Verführungskünste wir bereits gewürdigt haben – wie sie sagt, durchaus „freiwillig". Der Liebhaber verheiratet sie nach einem Jahr mit Petrus Licerii, der gegen die Fortdauer des Verhältnisses keine Einwände hat, seine Frau aber warnt, sich mit anderen Männern abzugeben. Grazida verteidigt ihr Verhältnis: „Sie wurde durch den Herrn Bischof befragt, ob, wenn sie von dem Priester fleischlich erkannt wurde, sei es, bevor sie einen Mann hatte oder als sie schon verheiratet war, zu sündigen glaubte, und antwortete, weil es zu der Zeit sowohl ihr als auch dem Pfarrer Spaß machte, sich gegenseitig zu ‚erkennen', glaubte sie nicht, noch schien es ihr, als

---

[273] Beispiele u. a. Ibid., fol. 36 c; 45 b; 94 a; 103 a; 173 cd; 205 c; 249 bc; 263 b (›ad‹ amare); 75 a; 121 a; 122 a; 123 c; 144 c; 153 d; 198; (iacere); 56 d; 103 a; 168 ab; (rem habere); cognoscere und diligere: passim.
[274] Ibid., fol. 141 a.

ob sie sündigten; aber weil es ihr jetzt nicht gefalle, vom Priester erkannt zu werden, glaube sie zu sündigen, wenn sie ‚erkannt' werde."[275] Nach den ersten Verhaftungen allerdings werden sie und ihre Mutter ohne Rücksicht von den Clerici-Brüdern bedroht, nichts über deren Hang zur Häresie zu verraten. Die selbstbewußte Aussage des jungen Mädchens ist auf dem Hintergrund seiner materiellen Abhängigkeit von dem übermächtigten Clerici-Clan zu sehen und verliert dabei viel von seiner „Freiwilligkeit".

Als weiteres Beispiel „sexueller Freiheit" wird in der Literatur oft die Adlige Beatrix de Ecclesia, ehemalige Schloßherrin von Montaillou, Geliebte des Petrus Clerici und später eine der wichtigsten Zeuginnen gegen ihn, erwähnt. Beatrix ist schon älter – „über die Wechseljahre hinaus", wie sie sagt – und hat ein bewegtes Leben hinter sich, als sie sich in ihrem letzten Wohnort Adalon in den Presbyter Bartholomeus Amilhaci verliebt. Sie war bereits zweimal verwitwet und hatte eine versuchte und eine ausgeführte Vergewaltigung sowie die Annäherung des Petrus Clerici hinter sich. Bartholomeus unterrichtet ihre beiden Töchter und wird eines Tages zu ihr ins Haus bestellt: „Als er im Haus der Beatrix war, und keiner im Haus außer ihr selbst, und der Zeuge sie fragte, was sie wolle, sagte ihm Beatrix, daß sie ihn liebe und eine Affaire mit ihm haben wolle, und der Zeuge stimmte zu."[276] Der Pfarrer von Adalon hatte seinen Presbyter schon gewarnt, sie „sei eine Hure und verweigere sich keinem, der sie haben wolle."[277] Beatrix fürchtet immerhin um ihren Ruf und die Disziplinarmaßnahmen ihrer Brüder, daher überredet sie ihren Geliebten, mit ihr nach Palhars zu ziehen, wo die Presbyter gegen eine kleine Gebühr unter den Augen des Bischofs mit Frauen *(concubinas, forconias, contuberniales)* wie in einer Ehe zusammenleben dürfen. Mit ihrer Tochter Philippa und 30 Libras zieht sie voraus. In der Stadt Ladros schwört ihr Freund vor einem Notar, sie nie zu verlassen und für sie zu sorgen, ebenso sollten eventuelle Kinder erben (45 bc). Dieser Vertrag wird vor einem Priester bestätigt. Ein

---

[275] Founier, fol. 56 d; 57 a.
[276] Ibid., fol. 45 b.
[277] Ibid., fol. 45 b.

Jahr leben beide, nicht ohne gelegentlichen Streit, zusammen, da wird Beatrix durch einen Kaplan vorgeladen – Kirchenkritik, Magie und Kontakt zu den Brüdern Auterii werden ihr vorgeworfen, stillschweigender Hauptgrund ist aber wohl die Beziehung zu dem hochverdächtigen Petrus Clerici. Als sie nach Pamiers zitiert wird, flieht Beatrix nach Belpech und fleht ihren Geliebten an, mit ihr nach Limoux zu ziehen. Auf dem Weg dorthin wird sie festgenommen (44a; 46c).

Beatrix de Ecclesia und Grazida Licerii werden in der Literatur gerne als Beispiele „sexuellen Libertinismus" angeführt. Ein junges Mädchen aus mittellosen Verhältnissen, das dem Verlangen eines mächtigen Dorfhonoratioren nachgibt, eine Frau die einmal fast, einmal tatsächlich vergewaltigt wurde, deren eine Liebesbeziehung wohl nicht völlig freiwillig war und die sich endlich in einen jungen Mann verliebte, der es vor der Inquisition eilig hat, seine Freundin als Verführerin darzustellen, stellen recht seltsame Exempel dar. Das oft genüßlich geschilderte Verhältnis der Beatrix de Ecclesia zu Petrus Clerici macht wohl deutlich, für wen der angebliche Libertinismus wirklich galt. In den Fällen der genannten Frauen von „sexueller Befreiung" zu reden, wäre übertrieben, obwohl beide – von Männern mit eindeutigem Interesse darin unterrichtet! – von der katharischen Relativierung fleischlicher Sünden bei den Gläubigen wissen. Hier handelt es sich eher um die zaghaften Versuche, eigenes Glück im vorgegebenen gesellschaftlichen Rahmen zu verwirklichen, dem die Katharer zumindest einige Schrammen versetzt hatten. Von einer „liberalen" Moral der Katharer an sich kann dagegen keine Rede sein, obgleich in der Grauzone der Gläubigenethik recht bizarre Auslegungen möglich waren. Wo keine feste Weisung vorlag, siegte am Ende meist die gewohnte Moral. Wird die Frau durch ihr Handeln entehrt? Was sagen Vater und Brüder dazu? Muß man sich einer Handlung zwar nicht schuldig fühlen, aber schämen? Frauen müssen die Bestrafung durch Ehemänner oder männliche Anverwandte fürchten (37c; 38b). Ohne wirtschaftliche Selbständigkeit und unter der Gewalt des Ehemannes konnten sie für sich auch keine sexuelle Freiheit in Anspruch nehmen.

4. Gewalt gegen Frauen

4.1. Sexuelle und häusliche Gewalterfahrungen

Von der gesellschaftlichen Lage der Frauen zu sprechen, heißt immer auch, das Problem der Gewalt gegen sie zu thematisieren.[278] Die Protokolle berichten von Gewalt unter Männern, insbesondere in der Welt der Hirten, die oft blutige Fehden um Weiderechte führten (198 a; 213 b; 256 a). Die Menschen des Sabartès wissen oft von schauderhaften Morden zu berichten (139 c; 291 d; 293 ab; A 23 a; 24 a), und Konflikte zwischen Männern wurden oft recht brutal ausgetragen (49 cd). Frauen dagegen wurden häufiger Opfer sexueller oder familiärer Gewalt. Die Zeugin Beatrix de Ecclesia hat in ihrem Leben – nicht geschützt durch ihren adeligen Stand – oft unter männlichen Übergriffen zu leiden gehabt. Ramundus, uneheliches Mitglied der einflußreichen Clerici-Sippe, dringt in die Burg von Montaillou ein und vergewaltigt sie. Nach dem Tod ihres ersten Mannes „hält" *(tenebat)* er sie öffentlich als seine Geliebte, bis sein Stiefbruder Petrus mit weniger brutalen Mitteln seine Stelle einnimmt (42 a). In Fragen der sexuellen Gewalt ist es egal, ob ein Mann Anhänger der Katharer ist oder nicht. Beatrix' Erlebnisse mit dem gläubigen Kastellan sind schon geschildert worden.[279] Auch der Schuster Arnaldus Vitalis wird durch seine Sympathie für die keuschen Perfekten nicht an gewaltsamen Übergriffen gehindert. Er versucht, die Magd Ramunda Testaniera von den Perfekten zu überzeugen, aber auch, sie zu vergewaltigen. Bis dahin habe sie den neuen Lehren geglaubt, dann nicht mehr, gibt diese zu Protokoll (97 b). Zwar wurden Vergewaltigungen bestraft – zwanzig Libras Strafe werden in einem Fall erwähnt (83 c) – und auch Strafverfolgungen fanden statt (51 d), aber wie heute gingen die Beweise zu Lasten der Frauen: „Wenn ich nicht fürchten müßte, daß mein Mann glaubt, ich hätte Unehrenhaftes mit euch getan, würde ich euch sofort in

---

[278] Christiane Krausch, Art. „Gewalt gegen Frauen". In: Europäische Enzyklopädie zu Philosophie und Wissenschaften. Ed. Hans Jörg Sandkühler. Bd. 2. Hamburg 1990, Sp. 447–454.
[279] S. II, Kap. 3.

den Keller des Turms werfen lassen", droht Beatrix de Ecclesia ihrem Kastellan.[280] Die „Ehre" der Frau konnte ebenso durch häufige Männerbesuche in Verdacht geraten (41 a). „Gläubige" Männer hielten manchmal zusammen, wenn es galt, ein Verbrechen zu vertuschen: So wird ein wegen Vergewaltigung Gesuchter aus La Roc d'Olmes bei dem eifrigen *credens* Guillelmus Bayard in Tarascon untergebracht, der sich als Inhaber eines Verwaltungspostens für ihn verwenden will. Als Vermittler fungiert Ramundus Auterii, der Neffe des bekannten Perfekten.[281] Die katharische Predigt von der Gewaltlosigkeit änderte an der Lage der Frauen nichts und hielt Männer nicht von sexueller Gewalt ab. Vielleicht aber wird durch deren Erfahrung und immanenter Drohung[282] die Bewunderung der Frauen für die sexuelle Askese der Perfekten etwas verständlicher: „Sie rühren keine Frau an", dieses Bekenntnis beinhaltete möglicherweise auch eine gewisse Erleichterung. Wir können dies nur vermuten, eindeutige Aussagen von Frauen besitzen wir nicht.

„Alltäglicher" als die sexuelle war die eheliche Gewalt des Mannes gegen seine Familie. Benad vermutet, daß durch Schläge Frauen in die neue *domus* integriert werden sollten.[283] Es ist fast überflüssig zu sagen, daß die Mahnungen der Perfekten auch an dieser Praxis nichts änderten. Einen Versuch dazu unternahm Petrus Auterii seinem Schwiegersohn gegenüber: „Arnaldus, ihr geht nicht gut mit mir und meiner Tochter Guillelma, eurer Frau um, zu der ihr hart und grausam seid; und ihr handelt gegen die Schrift, die vorschreibt, daß ein Mensch zum Frieden bereit, sanft und mild sei."[284] Seine Frau rede einfach zuviel, schneidet der Getadelte das Thema ab. Er hatte seine Frau geschlagen, weil sie ein „ketzerisches" Buch offen im Haus herumliegen ließ; der Sohn wurde in diese Prügel gleich miteinbezogen (157 b). Sympathie oder Abneigung gegen die neuen Lehren, die oft quer durch die Fa-

---

[280] Fournier, fol. 38 b.

[281] Ibid., fol. 51 d.

[282] Beispiele aus anderen Kontexten und Quellen (Heiligenviten): Opitz, op. cit., pp. 180–184.

[283] Benad, op. cit., p. 250.

[284] Fournier, fol., 160 c.

milien gingen, schürten die häusliche Gewalt oft noch zusätzlich, egal ob die Ehefrau sich nun für oder gegen sie entschloß. Frauen „fürchteten" ihren Mann allemal[285], oft wurden sie von ihren Männern verprügelt, wenn sie das Haus durch Unterstützung der Katharer gefährdeten. Guillelmus des Asco gilt als guter Nachbar, der mit den Männern seines Dorfes freundlich umgeht (194c). Anders gibt er sich daheim, als er erfährt, daß seine Frau – 1308, im Jahr der Verhaftungen – ihrer Nachbarin Rixende Öl geschenkt hat, mit dem sie für die bei ihr versteckten Perfekten Fische zubereiten kann. „Alte Sau", tobt er, als schließlich auch noch Petrus Auterii an seine Tür klopft, „ich kenne eure Ränke gut und eure Winke und Zeichen, die ihr mit Rixende habt, dieser Leprösen und Häretikerin, die verbrannt werden hätte sollen![286]

Frau Galharda wird von ihrer Freundin als „mehr wert als die Frauen, die es in dieser Stadt gibt, wenn sie bloß nicht ihren Mann fürchtete", beschrieben[287]. Sie hat trotz aller Angst einen Weg gefunden, für ihr Seelenheil zu sorgen: Durch geheime Zeichen verrät ihr die Nachbarin, wer im Hause ist, so kann sie den Perfekten Spenden zukommen lassen. An dem Abend, als ihr Mann sie so beschimpft, verläßt sie das Haus. Als Guillelmus nachts erwacht und das Bett neben sich leer findet, schnaubt er vor Wut *(fremuit)* und wendet sich an einen anwesenden Übernachtungsgast: „Wenn er sie selbst einholen könnte, würde er ihr die Eingeweide aus dem Körper reißen oder heraustretenlassen."[288] Galharda ist indessen nach Ax geflohen – zu Verwandten, einer Freundin oder in das Haus der Sibylia den Balle? Sie war nicht die einzige, die Strafe und Anzeige durch ihren Mann zu fürchten hatte.

Als ein Beispiel für die gedrückte Lage der Frau, die im elterlichen Haus wie in dem des Ehemannes der Gewalt ausgesetzt war, mag der Bericht der Guillelma Clerici dienen, die 1320 verhört wurde und auf Ereignisse zurückblickte, die sich 15 Jahre früher ereignet hatten.[289]

---

[285] Ibid., fol. 171c; 194c; 201b; 205c; 244a.
[286] Ibid., fol. 194b.
[287] Ibid., fol. 194c.
[288] Ibid., fol. 194b.
[289] Ibid., fol. 64d–69b.

4.2. Guillelma Clerici –
Der Bericht einer geschlagenen Frau

Guillelma Riba heiratete sehr jung, mit 15 Jahren, Petrus Clerici aus Montaillou und bekam bald darauf Kinder, eine Tochter und ein Sohn sind uns bekannt (65 b; 67 d). Oft jedoch ergibt sich für sie die Gelegenheit, nach Hause, insbesondere zu ihrer Mutter, zurückzukehren: Die beiden Frauen arbeiten auf dem Acker des Vaters zusammen, gehen in die Stadt Ax, um Garn weben zu lassen (65 a; 67 bc). Häufig muß sich Guillelma aus dem Elternhaus etwas ausleihen: Mehl, Textilkämme, Heu oder ein Maultier, um Getreide zu transportieren (65 d; 66 cd). Auch das Brot backt sie im Haus der Eltern (67 b). Manchmal wird das Getreide und das Geld im Hause Clerici knapp, und Guillelma verdient sich durch Hühnerzucht etwas dazu (67 a; 68 b). Ihre Welt ist klein, neben Besuchen bei den Eltern kehrt sie manchmal bei ihrem Onkel Bernardus in Prades ein (66 a), wo sie auch einmal an Spielen und Reigentänzen der jungen Leute teilnimmt (66 b). Ansonsten muß sie ihren Mann fragen, ob sie ein kirchliches Fest in Prades besuchen darf, mit ihm geht sie nach Ax zum Markt und zur Mühle, manchmal auch mit der Mutter (66 b; 67 ac).

Im Haus ihrer Mutter ist oft deren Bruder, Pradas Tavernarii, zu Besuch. Doch der Onkel verhält sich plötzlich merkwürdig: Er gibt seinen Beruf als Weber auf, weil er keine rechte Lust mehr dazu verspürt und verkehrt mit den adeligen Damen Chateauverdun, mit denen er nach Barcelona zieht. Die Mutter klärt das erstaunte junge Mädchen bei der Feldarbeit auf: Pradas hat sich den „guten Menschen" angeschlossen, die die Seelen auf das Paradies vorbereiten können (65 ab). Von ihrem Ehemann hat Guillelma allerdings bereits anderes erfahren: Er haßt die „Häretiker" und schmäht sie heftig (65 b). Guillelma gerät bald in einen Konflikt zwischen Elternhaus und Ehemann. Das Haus der den Ribas ist zu einem „Ketzertreffpunkt" geworden, und Bruder Pons, der die Autorität des alternden Vaters auf sich konzentriert hat, betätigt sich als *ductor* seines Onkels (65 a). Andererseits versucht der Ehemann, jeden Kontakt zu „Häretikern" zu unterbinden, auch mit Gewalt. Daß Petrus Clerici seine Frau schlägt, ist bald ein offenes

Geheimnis: „Hat dein Mann dich geschlagen?"[290] fragt der Onkel gleich, als er sie mit einem entzündeten Auge antrifft. Der Angst vor dem Ehemann steht die Bindung an die elterliche Familie gegenüber, die sie auch oft aufgrund materieller Bedürftigkeit aufsucht. Neben der Mutter spielt hier Bruder Pons die wichtigste Rolle, er entscheidet über Familienangelegenheiten und behandelt die Schwester nicht weniger autoritär als der Ehemann. „Jung und unwissend" sei diese, stimmt er der Mutter zu, und unfähig, die Wahrheit über die Perfekten zu verstehen (65 a). Er entscheidet, ob Guillelma etwas ausleihen darf, daher wendet sich diese zuerst an ihre Mutter (66 cd). Seine eigene Frau Fabrissa hat er, in Einverständnis mit der Mutter, aus dem Haus gejagt, weil sie den Katharern abgeneigt war (66 c). Auch der Schwester traut er nicht über den Weg und schreit sie an, weil sie so oft das Haus besucht (66 c). Eltern und Bruder haben große Angst vor Guillelmas Gatten, der sie anzeigen könne, wenn er etwas über den Aufenthaltsort des Onkels erfahre (65 b). Auch Guillelma selbst fürchtet ihren Mann: „Sie sollten ihrem Gatten nicht verraten, daß sie beide mit ihr über diese Materie geredet hätten", fleht sie Mutter und Bruder nach einer Unterredung über das Wesen der „guten Christen" an, „weil er sie töten würde, wenn er wüßte, welche Worte durch ihre Mutter und ihren Bruder gesprochen worden seien."[291] Der Ehemann darf sie nicht einmal mit dem häretischen Onkel sprechen sehen (67 a), er selbst droht, sie eigenhändig aus dem Haus zu werfen, falls sie einem „Ketzertreffen" beiwohne (68 a). Für Guillelma beginnt ein Leben in Heimlichkeit, die Besuche im Elternhaus erscheinen noch relativ unverdächtig. Dort trifft sie Pradas (65 d; 66 cd), nimmt aber an keinen katharischen Zeremonien teil. Die Mutter vermeidet es, sie allzusehr in Geheimnisse einzuweihen, als Guillelma ihr in das Haus der Sibylia den Balle folgt, droht sie ihr, „daß es ihr schlecht ergehen werde, und ihr Mann sie töten werde", falls sie etwas davon verriete.[292] Bei verdächtigen Nachbarn, wie den „gläubigen" Belotis, kann

---

[290] Ibid., fol. 66 a.
[291] Ibid., fol. 65 a.
[292] Ibid., fol. 67 b.

Guillelma nur heimlich verkehren (68 b). Die Mutter bezieht sie immerhin soweit in die neue Gemeinschaft der Gläubigen ein, als sie ihr vorschlägt, nur bei einem *credens* Garn spinnen zu lassen, was der Ehemann sofort verbietet (68 a). Doch wird Guillelma aufgrund ihrer Herkunftsfamilie von einigen Gläubigen geschätzt: Ihr Sohn erhält Äpfel zum Geschenk (67 d), und die Nachbarin Alazais Maurini läßt den Eltern Milch zukommen, „da sie gerne denen Gutes tut, die aus ihrem Vaterhaus stammen."[293] Anders der Schuster Arnaldus Vitalis: Er denkt gar nicht daran, ihr den Preis für zwei reparierte Schuhe zu stunden, „da der Mann der Sprecherin ein schlechter Kerl sei."[294] So ist Guillelma aus der Gläubigengemeinschaft ausgeschlossen, ohne sich bei ihrem Mann wohlzufühlen. Fluchtmöglichkeiten bleiben ihr keine, denn eine Rückkehr in die Familie hätte ihren Mann möglicherweise zu einer Anzeige gereizt. Aushalten war von ihr gefordert, um Eltern und Geschwister nicht zu gefährden. Als die Mutter schließlich verhaftet wird, vertraut sie ihrer Freundin Mengardis Guillelma und deren Kinder, die sehr an ihrer Großmutter hängen, an (68 b). Als Guillelma 1320 verhaftet wird, kommt ihr ihre Unwissenheit allerdings zugute, und sie kann ihr Leben in Freiheit beschließen.

4.3. Flucht aus der Ehe

Änderte die Lehre der Perfekten auch nicht viel daran, was Ehemänner weiterhin als ihr „gutes Recht" ansahen, so bot der Katharismus den Frauen doch eine gewisse Fluchtmöglichkeit vor heimischer Gewalt. So hatte die Bewegung für Frauen einige Anziehungskraft.

Über das Schicksal der Blanca Martini, die vor den Schlägen des Vaters in das Haus einer „Begine", d. h. einer Franziskanertertiarin, flieht und so versorgt ein Geldgeschenk des reumütigen Vaters abweisen kann, werden wir noch erfahren.[295] In der Blütezeit des Katharismus existierten ähnliche Konvente, wo weibliche Per-

---

[293] Ibid., fol. 68 a.
[294] Ibid., fol. 68 b.
[295] s. u. Kap., 8.3.

fekte ihr Leben in Andacht und Arbeit zubringen konnten. In der Spätzeit, in denen solche Häuser nicht mehr offen bestehen konnten, nahmen die Häuser von Gläubigen, wie das der Sibylia den Balle, manchmal den Charakter einer solchen Zuflucht an. Das geheime Netz der Gläubigen konnte Frauen, die aus der Ehe flohen, manchmal auffangen. Guillelma Maurini aus Montaillou hatte im Elternhaus Bekanntschaft mit der Lehre der „guten Menschen" gemacht. Dann beging ihr Vater – nach Ansicht der Perfekten – die Sünde, sie an den „ungläubigen" Zimmermann Bertrandus Piquerii aus La Roc d' Olmes zu verheiraten. Dieser schlug seine Frau so häufig, daß sie schon zweimal geflohen war und Bernardus Belibasta, dem Bruder des späteren Perfekten, anvertraute, „daß sie durch die Welt ziehen würde oder daß Bernardus sie irgendwohin führen solle, wo sie den guten Christen dienen könne ..., weil sie bei ihrem Gatten weder tot noch lebendig bleiben wolle."[296] Die Flucht aus der Ehe war für Frauen nicht ungefährlich: Guillelma stand in der „Macht" *(potestas)* ihres Manns und fürchtete, daß bei Verlassen des Hauses Angehörige ihres Gatten sie verfolgen könnten (255 ce). Ebenso hatte die bereits erwähnte Beatrix de Ecclesia den Gedanken, in die Lombardei zu ziehen, verworfen, da ihr Mann sie verfolgen und töten werde. Oft wußten die Frauen auch nicht, wie sie sich ihren Lebensunterhalt sichern sollten. Man könne nicht zulassen, daß Guillelma „durch die Welt vagabundiere wie eine Hure, sondern sie solle, ... mit einem Gläubigen zusammengegeben werden", rät Bernardus Belibasta.[297]

Frauen ohne festen Wohnsitz oder Besitz verdienten sich im Mittelalter ihren Unterhalt oft als Artistinnen, Bettlerinnen oder Prostituierte.[298]

Bernardus fürchtet zu Recht, daß eine mittellose Frau zur Prostitution gezwungen sei, gibt aber auch einer Wertung, die „fahrende" Frauen als *meretrices* ansah, Ausdruck, ganz gleich, ob die

---

[296] Fournier, fol. 255 a.
[297] Ibid., fol. 255 a.
[298] Annette Kuhn, ed., Frauen im Mittelalter. Von Peter Ketsch. Bd. 1 Frauenarbeit im Mittelalter. Quellen und Materialien. Düsseldorf 1983, p. 310.

Frauen nun auf diese Weise ihr Geld verdienten oder nicht. [299] Seßhaft sein *(stare)* ist im Unterschied zu herumziehen *(vagare)* ein insbesondere für Frauen geltender Wert. [300] Geordnete Stabilität gilt übrigens auch für Männer als moralische Norm. Guillelmas Bruder Petrus, als Hirte unterwegs, wird vorgeworfen, er „flattere" *(volare)* durch die Welt, betreibe „Hurerei" *(arloteia)* und solle heiraten (249 c). Unstetigkeit hatte bei Mann und Frau einen unmoralischen Beigeschmack. Dennoch wurde Guillelmas Flucht sorgfältig geplant. Den letzten Anstoß gab ein Besuch des erwähnten Bruders, der in der Nacht hörte, wie seine Schwester geschlagen wurde, und dies den katharischen Freunden weitererzählte (254 d). Bernardus Belibasta sah Guillelma nicht nur körperlich, sonder auch seelisch gefährdet, wenn sie in der Gewalt einer Person bleibe, die vom wahren Glauben nichts wisse (255 b). Der Bruder werde sich große Verdienste erwerben, wenn er sie aus dem Haus bringe. In aller Heimlichkeit beredet sich Petrus mit der Schwester, die in der Nacht mit ihrer Mitgift – Hochzeitskleid und Leinentücher – das Haus verläßt. Dem Ehemann und Verwandten sollte notfalls der Plan einer Wallfahrt vorgetäuscht werden. Unbehelligt erreichen die Geschwister in derselben Nacht Mirepoix und ziehen nach Rabastans weiter. Dort treffen sie, wie verabredet, vor der Kirche die Brüder Belibasta, die ein Haus nahe der Kirche bewohnen. Sie versprechen, für Guillelma Sorge zu treffen, sie zu lieben und zu ehren (256 b). Guillelma hatte noch ein bewegtes Leben vor sich. In ihrer Zufluchtsstätte in Rabastans „diente" sie vielen Perfekten und warnte 1309 während der ersten Verhaftungswelle den Perfekten Petrus Auterii, den sie in Beaupuy aufsuchte. Beide flohen, wurden verhaftet und in Toulose von Bernhard Gui verhört. Petrus Auterii starb auf dem Scheiterhaufen; von Guillelma fehlt jede weitere Nachricht. [301]

---

[299] Wolfgang Hartung, Die Spielleute. Eine Randgruppe in der Gesellschaft des Mittelalters. VSWG. Beiheft 72. Wiesbaden 1982, pp. 65 ff.

[300] Vgl. Hartung, op. cit., p. 72.

[301] Limborch, p. 102; vgl. auch Brenon, op.cit., pp. 373–382.

5. Gescheiterte Fluchten: Frauen im Exil

5.1. Zwischen Barmherzigkeit und Mord: Guillelma Maurini

Die Geschichte der letzten Perfekten ist auch die Geschichte ihrer Anhängerinnen und Anhänger, die sie versteckten und versorgten, von ihnen himmlische Güter erhofften und oft ihre irdischen verloren. Das Schicksal des letzten Perfekten, Guillemus Belibasta ist eng mit dem einiger Witwen verknüpft, denen es gelang, in Katalonien eine neue kleine Gemeinde aufzubauen.[302] Seit den großen Verhaftungen 1309 ist die Geschichte der katharischen Gläubigen in Montaillou eng verbunden mit Aufstieg und Fall der mächtigen Clerici-Sippe, präsentiert durch den Pfarrer Petrus Clerici, die der vor der Inquisition und den Ränken der Clericis nach Katalonien Entflohenen dagegen mit der Familie Maurini, vertreten durch die Witwen Guillelma und Mersende sowie deren Neffen Petrus. Die Geschichte dieser Frauen soll hier erzählt werden.

Die Schwestern Guillelma und Mersende Maurini, beide mit Brüdern Martini in Montaillou verheiratet, gehörten zu den eifrigsten Anhängerinnen der Perfekten. Guillelma war mit den Gläubigen Guillelma Beneta und Alazais den Riba befreundet (246 b) und „sah" Guillelmus Auterii (237 c). Der Pfarrer Petrus Clerici sorgte zunächst für ihren Schutz vor Anzeigen (238 b). Ihre Schwester Mersende konnte sich später rühmen, mehr als 20 Perfekte gesehen zu haben (129 c). Besonders schwärmt sie für Pradas Tavernarii, vor dem sie einmal im Haus der den Ribas zur Verehrung niederkniete (67 d; 77 c). Im eigenen Haus empfing die Pons Sicre, den Sohn der Sibylia den Balle und Guillelmus Auterii (58 b). Die Tatsache, daß eine Nachbarin ihrem Mann Bernardus am Allerseelentag ein Brot für die Seelen seiner Eltern spendiert, wird ihr zum Verhängnis. Mersende findet es angebrachter, das Brot wirklich Armen, d. h. den guten Menschen zu geben. Die Spenderin droht ihr mit Anzeige, und Mersende zieht sich weinend in ihr Haus zurück. Die Spenderin zeigt sie ihrem Beichtvater an, der verspricht, Mersende zu strafen. (293 cd).

---

[302] Vidal, Ministres, pp. 93–107.

Als 1309 die große Verhaftung über Montaillou hereinbricht, entkommt Mersende durch eine List: „›Sie‹ floh an jenem Tag, als die Leute von Seiten des Inquisitors von Carcassonne kamen, um die Leute von Montaillou wegen des Häresieverbrechens festzunehmen, und eines Morgens legte sie ein Brot auf ihren Kopf und eine Sichel, und als sie den Leuten begegnete, die den Durchgang beobachteten, damit die Leute von Montaillou nicht fliehen konnten, sagte sie ihnen, sie sei eine Frau von auswärts und ginge zur Ernte. Sie so zum Besten haltend, entfloh sie. Und dies wurde allgemein erzählt in Montaillou."[303]

Übler ergeht es der Schwester, die verhaftet wird. Aus dem Gefängnis entlassen und vermutlich finanziell ruiniert, zieht sie mit ihrem Mann und Sohn Arnaldus nach Katalonien. Sie wird zunächst in Urgel gesehen, zusammen mit einer weiteren Angehörigen der Maurini-Familie (239 c). Weiter geht die Reise nach Juncosa, wo Guillelma mit ihrem Mann und ihrer Schwester fünf Jahre lebt, ohne geistlichen Trost und ohne anderen Gläubigen zu begegnen. Sie ist froh, als sie schließlich auf Petrus Maurini, ihren Neffen trifft (259 a), dessen Eltern ebenfalls verhaftet wurden. Weiter geht die Reise nach Orta, wo ihr Mann 1315/16 stirbt (259 a). Von Mersendes Gatten ist schon lange nicht mehr die Rede. Mit Tochter Johanna und ihrem Schwiegersohn, dem Waldarbeiter Bernardus Befeyt, läßt sie sich in Beceite nieder. Guillelma zog nach Tortosa, dann nach San Mateo, weil in der Nähe ein Perfekter lebte, „weil der Ort näher zu Morella lag und viel einträglicher war, wie sie sagte. Guillelma und Ihre Söhne kauften ein Haus bei San Mateo, wo sie beständig blieben."[304] In San Mateo war bereits aus Gebetz ihr Bruder Petrus Maurini, gleichnamig mit dem Neffen, angekommen, ihr Sohn Johannes war bereits in Orta zu ihr gestoßen. Guillelma nahm ihren alten Familiennamen Maurini wieder an und nannte sich auch zur Tarnung Mathena Cerdona (198 a). Sie wohnte etwas außerhalb der Stadt am Tor nach Valencia, „in der ‚Bauernstraße‘ *(carreria Laboratorum)*, im

[303] Fournier, fol. 67 c.
[304] Ibid., fol. 259 b.

Haus der Cerdonas."[305] Ihr Bruder, vermietete zwei Esel zum Transport von Korn (198a), und auch Guillelma zog werbend durch die Straßen: „Gibt es Korn zu mahlen?"[306]

Manchmal verdingt sich die ganze Familie zur Weinlese (260b), besitzt aber auch einen eigenen Weinberg. Die beiden Söhne arbeiten als Hirten. Mit Petrus Maurini, dem Neffen, schließt Guillelma 1325 für fünf Jahre eine *parsaria*, eine Hütegemeinschaft zu gleichen Anteilen, wobei sie 150 Schafe anvertraut bekommt (154c; 259c). Für den Erlös der Wolle kauft sie Lämmer, ist aber auch bereit, ihren Verwandten zu betrügen. „Wo sind die Felle und die Wolle der toten Schafe, die bis zu 150 Häuten ansteigen?" empört sich Petrus, nachdem ein Teil der Schafe eingegangen ist. „Und Guillelma antwortete, daß sie von den Häuten Utensilien für das Haus gemacht hätte und sich und ihre Söhne von der Wolle der Häute bekleidet hätte."[307] Den größten Teil der Wolle aber hat sie gespendet, an Guillelmus Belibasta, der mit seiner Begleiterin in Morella weilt.

Guillelma hat schwer darunter gelitten, „wie die Schafe Gottes zerstreut ›wurden‹."[308] Um so mehr ist sie erfreut, endlich einen Perfekten in der Nähe zu haben. Dieser kommt regelmäßig, wenn auch wegen des langen Weges in längeren Abständen. Guillelma sammelt in ihrem Haus bald eine kleine Gemeinde, die aus ihrem Bruder, ihren Söhnen und Petrus Maurini besteht. Der Neffe und seine Hirtenkollegen stellen eine letzte Verbindung zur Heimat dar und versorgen die kleine Gemeinde mit Nachrichten aus Foix. Darüber hinaus mischt sich bei Guillelma Geschäftstüchtigkeit mit tiefer, freigebiger Frömmigkeit. Ihr Landsmann, der Hirte Petrus Maurs, vor den Clericis aus Montaillou geflohen, ist bei ihr zu Gast, ein Kaplan aus der Gascogne, ein „um die Liebe Gottes Willen" versorgter Armer, eine Angestellte, die bei ihr Wolle kämmt: Alle werden von ihr verköstigt. Zwölf bis fünfzehn Gäste hat sie manchmal zu versorgen, meistens mit Fisch, damit der Per-

---

305 Ibid., fol. 120a; 154c.
306 Ibid., fol. 120a.
307 Ibid., fol. 155a; vgl. 259d.
308 Ibid., fol. 266b.

fekte mitessen kann. 11 Denare („Pfennige") kostet ein großer Fisch, ein Seewolf, manchmal übernehmen die Gäste die Kosten (154 d; 120 c; 122 d; 261 c; 263 b). Dem nichtgläubigen Guillelmus Maurs wird soviel Fastenspeise zuviel, er spendiert eine Hammelleber, manchmal kommt ein Schaf auf den Tisch (154 d; 261 b). Dem Perfekten behagt so viel Gastfreundschaft wenig: „In der folgenden Nacht wurden in dem Haus ein gascognischer Kaplan, der eine Frau mit sich führte, und die, wie sie sagten, aus Condom stammten, beherbergt und andere drei Lastenträger, über die der Häretiker sehr verletzt war und sich zu Bett legte. Am nächsten Morgen sagte er ihr, wenn sie weiter solche Leute im Haus empfange, käme er nicht mehr, weil er nicht zu den Gläubigen sprechen könne, wie er wolle."[309] Auch dem Gelegenheitsgast Guillelmus Maurs wird soviel Offenheit unheimlich: „Guillelma, du machst hier eine schlechte Sache, weil du Guillelmus Belibasta, den Häretiker, versteckt hältst, um dessen willen wir alle, falls es bekannt wird, gefangen werden; und ihr begebt euch in große Gefahr und eure Söhne auf den schlechten Weg, auf dem ihr an einen schlimmeren Ort als das Gefängnis von Carcassonne, wo ihr vorher wart, gelangen könnt."[310]

Warum ging Guillelma nun solch ein Risiko ein? Da ist einmal die bloße Nähe zu dem Perfekten, den sie für ehrlicher hält als alle römischen Kleriker: „Das ist die Regel der ‚guten Menschen', daß, wenn sie auf dem Weg eine Geldbörse voll Gold und Silber finden, rühren sie keinen Obolus oder eine Wertsache an, sondern sagen: ‚Denare, Gott gebe euch dem zurück, bei dem ihr bleiben sollt', und das machten sie, auch wenn sie noch so arm sind, aber so machten es die Bischöfe, Priester, Dominikaner und Minderbrüder nicht, sogleich steckten sie das Geld ein. Und auch wenn die ‚guten Menschen' unterwegs sind und Hunger und Durst hätten und in ihrer Nähe Weinstöcke oder Bäume mit eßbaren Früchten, nähmen sie nichts von diesen Früchten oder Reben, sondern wollten lieber vor Hunger sterben, weil sie nicht wüßten, ob die Weinstöcke oder Reben einem ihrer Freunde gehörten …

---

[309] Ibid., fol. 262 d.
[310] Ibid., fol. 155 a.

Und deswegen sagte sie, daß die ‚guten Menschen' einen strengen und steilen Weg befolgten, durch den sie zum Himmel gelangten, und Bischöfe, Priester, Dominikaner und Minderbrüder hielten sich auf einem breiten und geräumigen Weg, durch den sie ins Verderben gingen. Und dies habe sie von einer vornehmen *(nobilis)* Person gehört, dem Herrn Petrus Auterii."[311] Die bloße Nähe zu den guten Menschen macht auch die Gläubigen gut. Zudem will sich Guillelma aber auch himmlische „Verdienste" erwerben und ist hier so tüchtig wie bei „weltlichen" Geschäften: Sie versorgt Arme, in erster Linie aber den „apostolischen" Armen Belibasta. In dessen Anwesenheit geht es lustig zu: „Und dann reden wir zusammen und haben Spaß, weil wir unter uns fröhlich sein sollen", berichtet Petrus Maurini.[312] Der Perfekte predigt, während Guillelma das Essen bereitet oder nach den Mahlzeiten, bei denen es reichlich Wein gibt. Guillelma, die immer auf Geschichten aus ist (261 c), hört die Erzählung von den getäuschten Engeln, vom Schicksal Christi und seinem Leiden und von der Himmelfahrt des Propheten Jesaja.[313] Die Frauenfeindlichkeit, die wir heute in der Engelfallgeschichte konstatieren, ficht sie in keiner Weise an. Vielmehr ist sie fasziniert davon, in den Perfekten die wahren und direkten Nachfolger der Apostel vor sich zu haben, die auch den Titel „Söhne Gottes" für sich in Anspruch nehmen. Ja, sogar die Gläubigen können hoffnungsvoll sein: „Arnaldus, ihr sollt wohl fröhlich sein, weil ihr einen genauso großen Lohn haben werdet wie der „Herr", der soviel Bußübungen macht", ermuntert sie einen Gast, nachdem der Perfekte das Gleichnis von den Lohnarbeitern im Weinberg (Mt 20) auf den Wert des späten *consolamentum* hin ausgelegt hat.[314] Manchmal verteilt der Perfekte sogar geweihtes Brot: „Und wenn er das Brot teilte, setzte er sich nieder, und nach ihm setzten sich die anderen in ihrer Ordnung, d. h. wer zuerst ein Gläubiger wurde, setzte sich auch zuerst, dann wer an zweiter Stelle gläubig wurde und so in der

---

[311] Ibid., fol. 121 a.
[312] Ibid., fol. 122 a.
[313] Belibastas Predigten finden sich in den Aussagen Arnaldus' Sicredis und Petrus Maurinis.
[314] Ibid., fol. 122 c.

Ordnung. Und so gab der Häretiker das erste Brotstück dem, der am frühesten glaubte, und wenn der Gläubige das Stück erhalten hatte, sagte er: ‚Gesegnet Herr!' Und der Häretiker antwortete: ‚Der Herr segne euch!' "[315] Ob Guillelma wohl als erste das Brot erhielt? Doch damit nicht genug: Ist der Perfekte in der Nähe, kann man sich im Notfall von ihm weihen lassen. Dies verspricht den Eingang der Seele, die von 48 Engeln abgeholt wird, ins Paradies und Schonung vor Gericht. Dies sind gewichtige Gründe, um den Perfekten oft mitten in der Nacht zu empfangen. Dem behagt der weite Weg gar nicht, aber Guillelma ist Geschäftsfrau genug, um nicht nach Morella zu ziehen. Belibasta kann weder öfter kommen, noch will er nach San Mateo ziehen: „Ich verliere meinen Verdienst, wenn ich das tue ›öfters reise‹, weil ich viel arbeiten muß, so daß ich den Lebensunterhalt für mich ›die Begleiterin‹ Ramunda und ihre Tochter verdienen kann." Nach San Mateo könne er nicht umziehen, „weil die Stadt von San Mateo auf dem Weg nach Valencia liegt, wohin viele gehen, und es besteht Anlaß zu fürchten, daß ich von irgendjemand erkannt werde."[316] Doch sollte er seiner Verhaftung nicht entgehen, denn Guillelma beging einen verhängnisvollen Fehler. Als sie eines Tages auf der Straße für ihre Esel wirbt, wird sie von einem Landsmann angesprochen. Erfreut findet sie heraus, daß es sich um Arnaldus Sicredi, einen Sohn der Sibylia den Balle handelt (120 a). Der Sohn einer solchen Frau kann nur gut sein! Guillelma lädt ihn herzlich ein, doch einmal den Herrn von Morella in ihrem Haus zu hören. Doch Sicredi ist in dem festen Entschluß nach Katalonien gekommen, einen „Häretiker" zu überführen. Auf Petrus Maurini, Guillelma und Belibasta ist bereits ein Kopfgeld ausgesetzt. Sicredi, von der Mutter aus dem Haus gegeben, haßt die „Häretiker" und will durch den „Fang" eines Perfekten das konfiszierte Haus seiner Mutter wieder in seinen Besitz bringen. Obwohl er offensichtlich schwere Fehler begeht, unter anderem dem Perfekten Fleisch schenken will, vertraut ihm Guillelma. In nächtlichen Gesprächen sucht sie ihn zu belehren. Der Skepsis

[315] Ibid., fol. 121 a.
[316] Ibid., fol. 124 d.

Belibastas und ihres Neffen zum Trotz wird er ein ständiger, auch sehr spendabler Gast in ihrem Haus.

Guillelma hat allerdings andere Sorgen. Ihre Schwester Mersende, die sie einmal in San Mateo besucht hat (156 a), kann es nicht wagen, den Perfekten bei sich im Haus aufzunehmen, denn ihre Tochter Johanna, früher eine Gläubige, haßt die Katharer, die sie ins Exil getrieben haben. Noch in Orta hat sie Belibasta bedroht (260 b), schmäht aber auch die eigene Mutter: „Und da erzählte Mersende, als sie schon genügend getrunken hatte, daß ihre Tochter sie beinahe erwürgt hätte, es sei nicht lange her, und daß der gute Geist von ihr gewichen und ein schlechter in sie gefahren sei, weil sie, wie sie sagte, gut zu sein pflegte, und erst in jüngster Zeit schlecht gemacht worden sei, worauf Johanna ihr antwortete: ‚Ha, Frau alte Häretikerin, wer euch doch erwürgte, weil ihr voll Häresie seid!‘ "[317] „Nach der Ankunft des Zeugen ›Petrus Maurini‹ lud Mersende ihre Tochter zum Essen, und als sie essen sollten, fing sie an, ihre Mutter zu beschimpfen, indem sie sie alte Häretikerin nannte und daß sie sie verbrennen lassen würde. Sie verprügelte ihre Mutter auch an jenem Abend so sehr, daß die Nachbarn zusammenliefen, und ihr Mann warf sich auf Johanna und verprügelte Johanna kräftig und warf sie nachher die Treppe hinunter …"[318] Es besteht die Gefahr, daß Johanna die ganze Gemeinde verrät. Was tun? Man erwägt, sie in eine andere Stadt zu bringen (260 d; 273 c), aber Guillelma hat drastischere Pläne: „Unter anderem sagte Guillelma, daß ›Johanna‹ auf die eine oder andere Weise getötet werden müsse, weil sie ein Teufel sei und große Gnade widerfahre dem, der sie töte und aus der Welt schaffe …"[319] Ihre eigenen Söhne will sie an dem Mord allerdings nicht beteiligt wissen, denn „wenn Johanna merke, daß ihre zwei Söhne sie töten wollten, würde sie selbst beide töten, weil sie stärker sei als sie."[320]

Den Mord soll ihr Neffe ausführen, der Johanna von der hohen

---

[317] Ibid., fol. 264 d.
[318] Ibid., fol. 261 a.
[319] Ibid., fol. 261 a.
[320] Ibid., fol. 127 d.

und geländerlosen Brücke Malha Molher werfen soll, doch der weigert sich entschieden und verweist auf die katharische Lehre von der Gewaltlosigkeit (261 a). Belibasta selbst darf als Perfekter natürlich keinen Menschen auch nur verletzend berühren, kann aber zur Rettung des eigenen Lebens und somit des „Heils" der kleinen Gemeinschaft seine Zustimmung zum Mord gcben und die Mörder später absolvieren (128 a). Unter militärischer Bedrohung hatten sich die Katharer früherer Zeiten durchaus den bewaffneten Schutz ihrer Gläubigen gefallen lassen, und aus den vorliegenden Protokollen sind mehrere Morde an vermeintlichen Verrätern bekannt. [321] Da die Gläubigen in jedem Fall ohne Weihe verloren waren, schadeten sie ihrem Heil durch einen Mord nicht. In seinen Predigten verlegt sich Belibasta zunehmend auf Geschichten vom Verrat Jesu, mit dem er sich identifiziert. Jeder mögliche Verräter übernimmt so die Rolle des Judas, schlechte Bäume sollen aus dem Garten der Gemeinde abgehauen werden (127 cd). Damit greift der Perfekte Argumente auf, die Jahrzehnte zuvor kirchliche Polemiker gegen die Toleranzforderung der Katharer verwandt hatten. [322] Die Hochschätzung der Person des Perfekten und seine wichtige Funktion am Lebensende machten sein Leben kompromißlos schützenswert: „Predigt meine ›Christi‹ Worte durch die verdorbene Welt und hütet euch vor falschen Propheten, die sich unter euch mischen, und wie ein falscher Prophet beim Betreten des Reiches meines Vaters dieses in Unruhe brachte, so werden auch bei euch falsche Propheten eintreten und euch in Unruhe bringen", läßt Belibasta Christus sprechen. „Und als er erklärte, was ,falsche Propheten' bedeute, sagte er, daß die falschen Propheten falsche Gläubige seien, die sich unter die guten Gläubigen mischten ... Aber dafür würden sie schwer bestraft, weil der heilige Vater sagte: ,Wer mich betrügt, dem wird vergeben, aber wer meinen heiligen Geist betrügt, wird weder

---

[321] d' Ablis, fol. 39 r; 15 v–16 r: kundschaftender Begine; Ibid., fol., 279 bc: Vater des Perfekten Arnaldus Maurini.

[322] So Moneta von Cremona: Venerabilis Patris Monetae Cremonensis Ordinis Praedicatorum S. P. Dominici aequaleis adversos Catharos et Valdenses libri quinque. Ed. Th. Ricchini. Rom 1743, fol. 278 A; 328 A; 510 A; 521 B.

Frieden noch Ziel haben.'"[323] Die Angst, den Beistand des Perfekten zu verlieren, ließ selbst Mersende, die auch um ihr eigenes Leben fürchtete, Johanna Gift in den Kohl mischen, ohne Erfolg (127 d). Guillelma beschloß darauf, bei einem Apotheker Gift besorgen zu lassen, das dieser nicht herausgeben wollte (127 d). Dies rettete Johanna das Leben. Ein weiteres Opfer von Guillelmas Angst sollte Johannes, der Bruder des Petrus Maurini, werden. Gutmütig hatte sie diesen in ihr Haus aufgenommen, als er erkrankt war und ihm vorgeschlagen, doch den Perfekten holen zu lassen, damit er, mit der Weihe versehen, nicht eine neue Wiedergeburt erleben müsse. Aber Johannes will weder geweiht werden, noch gar in der *Endura* sterben: „Und der Zeuge antwortete Guillelma, daß er den Häretiker nicht wolle, noch sich in die *Endura* begeben, weil, wie er sagte, Gott habe ihn zu töten, nicht er selbst, und daß Guillelma nicht weiter über die Sache mit ihm reden solle, weil, wenn sie es täte, er sie fangen ließe. Und Guillelma antwortete ihm, daß er so etwas in ihrem Hause nicht sagen solle."[324] Halbkrank muß Johannes das Haus verlassen. Doch Guillelma plant, den möglichen Verräter zu vergiften: „Es sei besser, daß dieser Johannes aus der Welt geschafft würde, als wenn er uns alle fangen und töten läßt", schlägt sie seinem Bruder vor. „Er sei keinesfalls mit dem Tod seines Bruders einverstanden, noch mit dem Tod irgendjemand anderes, und er fügte hinzu, daß, wenn er in Erfahrung brächte, daß Guillelma seinen Bruder getötet hätte, würde er sie mit den Zähnen verschlingen, wenn er sich nicht anders rächen könne," reagiert jener empört.[325] Als Guillelma Johannes um Verzeihung bittet, vergibt dieser ihr, verfüttert aber alle Speisen, die ihm aus ihrem Hause zugehen, zunächst an seinen Hirtenhund (217 a).

Doch Guillelmas Sorge für die kleine Gemeinde umfaßt nicht nur erbitterte Mordpläne. Ihr Sohn Johannes hat sich in Maria, eine Einheimische, verliebt, und Belibasta ist entsetzt, daß jetzt eine Ungläubige ins Haus kommt. Eine Einladung zur Hochzeit

[323] Ibid., fol. 126 b.
[324] Ibid., fol. 217 a.
[325] Ibid., fol. 266 c.

schlägt er aus (263 b). Doch Guillelma läßt ihrem Sohn seinen Willen und will auch Arnaldus verheiratet wissen: „Ich weiß schon Frauen für sie, und es haben schon einige mit mir gesprochen, und so werden wir Geld und Freunde gewinnen."[326] Passender findet der Perfekte es dagegen, daß Arnaldus die Schwester des Arnaldus Sicredi heiratet, die dieser mit ihrer gläubigen wie reichen Mutter in Katalonien gefunden haben will (263 b). Sicredi selbst soll die bettelarme, aber gläubige Tochter der Sperta Cervelli, einer Exilantin in Lérida, ehelichen (124 a). Für die Zukunft ihrer Söhne spendiert Guillelma sogar die Kosten für die Befragung eines arabischen Wahrsagers, die Sicredi übernimmt (124 ab). Gleichzeitig soll dieser herausfinden, ob ein neidischer Konkurrent Guillelmas Haus verwünscht hat, da die bereits erwähnten Schafe eingegangen sind. Sicredi bringt gute Nachricht, nicht nur vom geschäftlichen Aufschwung, sondern auch, daß der Magier seine Schwester gefunden habe, er selbst wolle sie nun aufsuchen. In Wirklichkeit macht er sich auf den Weg nach Foix, wo er dem Inquisitor seine Pläne offenbart. In San Mateo ahnt man nichts davon. Groß ist die Freude, als Sicredi von seinem vermeintlichen Besuch bei seiner Tante mit guter Nachricht zurückkehrt. Sie wolle gerne ihre Tochter an Johannes verheiraten. Der Bräutigam, Sicredi, Petrus Maurini und Belibasta machen sich schließlich 1320 auf den Weg, um um die Hand der Braut anzuhalten. Der Perfekte zweifelt, ob er die Reise mitmachen soll. Böse Zeichen haben ihn gemahnt (266 cd). Die kleine Gruppe macht bei Mersende halt, die sich krank stellt, um Johanna aus dem Haus zu haben. Die erfahrene Frau soll urteilen, ob Sicredi zu trauen sei. Sie bleibt skeptisch und abwartend, doch Sicredi versteht es, die Zweifel der kleinen Gruppe zu zerstreuen (131 d). Auch der Versuch, ihn in völlig betrunkenem Zustand auszuhorchen, mißlingt (132 a). So lockt Sicredi, den Perfekten nach Tirvia, einer Enklave von Foix, wo er verhaftet wird. Die erschreckten Reisegefährten eilen nach Morella, Beceit, San Mateo und Lérida, um die Gläubigen zu warnen. Im Hause der Guillelma ist man sich unschlüssig, der Kaplan flieht mit seiner Freundin (217 c),

---

[326] Ibid., fol. 263 b.

Guillelma verkauft ihre Habseligkeiten und den Weinberg (213 b). Mersende und Johanna machen sich, finanziell unterstützt von Petrus Maurini, nach Alcañiz auf, wo sie schließlich beide sterben (267 bd). Guillelma kauft ihren Weinberg zurück (267 c). Dies ist die letzte Nachricht, die wir von ihr besitzen. Sie stammt von Petrus Maurini, dem freiheitsliebenden Hirten, der 1324 verhört wurde und bis zu seinem Ende in Haft blieb. Ob es der tatkräftigen Witwe gelang, neu anzufangen, oder ob das Martyrium ihres geistlichen Hirten sie zerbrach – wir wissen es nicht. Ihr gelang die Flucht, es war aber eine „gescheiterte".

In Guillelma Maurini begegnen uns widersprüchliche Elemente: Die Hochschätzung des untadeligen Perfekten, gepaart mit einer leicht betrügerischen Geschäftstüchtigkeit, reiche Freigebigkeit für die Armen mit kruden Mordplänen. Als Motiv für die Sympathie den Perfekten gegenüber müssen wir die ernste Sorge um das Heil nach dem Tod ernst nehmen. Die Kirchenkritik der Katharer, die als Almosenempfänger „billiger" und würdiger waren als der Klerus, kam ihren religiösen wie geschäftsmäßigen Bedürfnissen gleichermaßen entgegen. Die „Freude" über die in Aussicht gestellte Errettung kontrastierte mit der großen Angst vor und um den Perfekten. Die Sicherung seiner Person ließ sie sogar einen Mord billigen. Der durch den Perfekten bestätigte Volksglauben, ein böser Geist beeinflusse die potentiellen Abweichler, nimmt die Begründung der wenige Jahre später einsetzenden Hexenprozesse im Languedoc vorweg. Ihre finanzielle Abpolsterung und ihre religiöse Vorzugsstellung als „frühere" Gläubige, sicherten ihr eine Vorzugsstellung in der Familie, in der der Bruder nur eine schwache Rolle spielte, wie in der Gemeinde. Auf ihre Weise stellte Guillelma für die katalonische Gemeinde die Autorität dar, die in Montaillou der gefürchtete Petrus Clerici spielte.

5.2. Ketzerkreuz und Armut: Sperta und Mathena Cervelli

Finanziell schlechter trafen es zwei andere Flüchtlinge aus Foix. Sperta den Horta war in Tarascon mit dem Schmied Bernardus Cervelli verheiratet (209 d; 210 c; 258 b) und besaß ein eigenes *hospicium*, über das ihr Mann die Aufsicht führte. Diese Verfügungsgewalt ihres Mannes sollte sie schwer zu stehen kommen, denn in der Herberge wurden die Brüder Auterii und andere Perfekte empfangen. Cervelli galt in Tarascon als „intimster" Freund der Auteriis, denen er zu Essen und Trinken gab (A 15 v). Sperta „wußte ‹zunächst nicht‹, daß es Häretiker waren, d. h. es hieß, es seien gute Menschen."[327] Sie ist mißtrauisch den neuen Gästen gegenüber, gibt dann aber ihrem Mann nach. Arnaldus Martini, angehender Perfekter und *ductor*[328] erklärt, es handle sich um Menschen, die in der Wahrheit wandelten, und als „Häretiker" von wirklichen „Häretikern" verfolgt würden (211 c). Aufgrund dieser Beziehungen wird ihr Mann schließlich nach Carcassonne zitiert und zum Tragen des gelben Kreuzes verurteilt. Er rät Sperta zu einer freiwilligen Aussage, und sie kommt mit mehreren Vaterunser, Ave Maria und Fasten an sechs Feiertagen davon (210 c). Doch der Ruin der Familie ist eingeleitet. 1323 befragt, warum sie nach Katalonien gegangen sei, bekennt Sperta: „Aus Armut, weil ihr Mann wegen des Häresieverbrechens das Kreuz tragen mußte und seine Güter konfisziert wurden und auch die Güter der Frau selbst, weil die Herberge ihr gehörte und ihr Mann über ihre Besitztümer die Aufsicht hatte. Sie sagte dagegen, daß die Herberge nicht beschlagnahmt worden sei, bis die Frau sich aus der Heimat zurückzog, und sie zog dorthin mit ihrem Mann, der Kreuze trug, die er in diesen Gegenden ablegte, deswegen, weil niemand ihn zur Arbeit haben wollte."[329] Eine 1310 im Sabartès herrschende Mißernte bestärkt sie in dem Beschluß, das Land zu verlassen (211 d). Ihren Besitz an Leintüchern überläßt sie einer Nachbarin (130 b) und zieht mit ihrem Mann und den Kindern, von denen die kleine Mathena noch nicht richtig laufen kann, nach Katalonien, wo sie sich in Lérida niederlassen. Ihr Mann verbirgt die Kreuze, um nicht verlacht zu werden und um Arbeit zu finden. „Auf Befragung sagte sie auch, daß sie drei kleine Kinder gehabt hätte, zwei Knaben, die in Lérida gestorben seien, und als drittes Mathena, die damals ungefähr drei Jahre alt war. Als die Vorge-

[327] Ibid., fol. 210 c.
[328] Begleiter und Wegfinder der Perfekten.
[329] Ibid., fol. 210 c.

nannten gestorben seien, sei der größere ungefähr elf Jahre, der kleinere ungefähr sieben Jahre gewesen. Sie sagte auf Befragung auch, daß es sechs oder sieben Jahre her sei, daß der größere gestorben sei, und damals lebte ihr Mann noch. Sie sagte auch, daß ihr Mann in demselben Jahr in Pertusia gestorben sei. Er wurde auf dem Marienfriedhof in Pertusia begraben ... Sie sagte, sie wisse Platz und Grabmal ihres Mannes nicht genau."[330] Vor dem Tod Bernardus' Cervellis, für den sie eine Totenmesse lesen ließ, hatte sich die Familie finanziell etwas erholt. Sie empfängt dort manchmal den Perfekten Belibasta und seine Begleiterin, was ihr zum Verhängnis wird. Auf die Anzeige Sicredis hin werden auch die Frauen, die inzwischen nach Juncosa gezogen sind, verhaftet und vor der Inquisition von Aragon verhört. Mathena ist inzwischen mit Johannes, dem Bruder des Petrus Maurini, verheiratet. Johannes findet, daß die Versorgung im Gefängnis garnicht so schlecht sei, „und daß wir Christen nicht so ohne Mitleid sind, wie die Häretiker predigen." Doch Mutter und Tochter wehren ab: „Wir wissen wohl, daß ihr nichts für euch behalten könnt."[331] In der Tat belastet Johannes beide Frauen als Gläubige, verteidigt sie aber auch: „Der Zeuge glaube dennoch, daß seine Frau gerne alles aussagen würde, wenn sie nicht Strafe fürchtete, und dasselbe glaube er von der Mutter, wenn sie nicht den Tod fürchtete."[332] Johannes wird nach Pamiers überführt, wo er weiter vernommen wird, während von Sperta und ihrer Tochter keine weiteren Nachrichten erhalten sind.

5.3. Gefährtinnen des Perfekten: Ramunda und Blanca Martini

Ramunda Martini ist als Begleiterin des letzten Perfekten Guillelmus Belibasta bereits erwähnt worden.

Ramunda Martini lebte mit ihren Eltern, den Schwestern Bona Femina und Blanca sowie den Brüdern Guillelmus, Arnaldus und Bernardus in Junac. Das Anwesen ihres Vaters, eines Schmiedes, war geräumig. Das Wohnhaus besaß zwei Stockwerke, wobei sich

---

[330] Ibid., fol. 212 c.
[331] Ibid., fol. 213 b.
[332] Ibid., fol. 213 bc.

im oberen das Herdfeuer befand (275 b; 276 a; 277 ab; 278 c). Das Hauptgebäude war von einem Garten und einem Hof umgeben, hier fanden sich eine Scheune, Ställe für Ziegen, Schafe, Maultiere und Schweine sowie ein großes Taubenhaus, in dem auch das Schmiedefeuer brannte (275 ab; 276 d; 278 cd; 279 cd u. ö.). Die Tiere wurden von Ramundas Bruder Bernardus, dem Hauptzeugen für ihr Leben, versorgt, während die anderen Brüder sich dem Schmiedehandwerk widmeten. Ein Weinberg, Feld und Weideland gehörten ebenfalls zum Besitz der Familie (276 ac; 279 a). Einer der Hauseingänge mündete in einen Fußweg zum Schloß Junac, mit dessen jüngeren Bewohnern die Brüder Martini in Kontakt standen, denn hier handelte es sich um begeisterte Förderer der Perfekten. Eine Mauer trennte das Anwesen vom Haus des Nachbarn Petrus Grat, dem Baille des Ortes (275 a), der hier mit seiner Geliebten Rosa, der Dienerin Matheldis und deren Tochter lebte (275 a; 277 d; 278 d; 279 bc). Über Arbeit und Leben der Schwestern Martini erfahren wir aus dem hierfür maßgebenden Bericht des Bruders wenig; sie werden beim Kochen oder aushilfsweisen Schafehüten geschildert (276 c; 277 c). Zur Zeit seiner Aussage 1324 weiß Bernardus nicht, ob seine Schwestern noch leben und will sie durch sein Zeugnis offensichtlich nicht belasten. Ausführlich widmet er sich dem gefürchteten und bewunderten Bruder Arnaldus. Dieser hatte, wie sein Bruder Guillelmus, nicht die Absicht, das reiche väterliche Erbe anzutreten. Er kannte höhere Ziele. Er geleitet den Perfekten Petrus Auterii auf langen, oft nächtlichen Märschen, zu denen er Bernardus mitnimmt. Die geheimen Touren erregen den Unwillen des Vaters, und es kommt zu gewaltsamen Szenen, wo Vater und Sohn mit Salzfässern und Bänken aufeinander losgehen (276 c). Arnaldus läßt sich indessen von seinem Ziel nicht abbringen, das väterliche Taubenhaus wird zum Treffpunkt der Perfekten. Bernardus erinnert sich, wie er 1299 zum erstenmal Guillelmus Auterii und Ramundus de Saint-Papoul im väterlichen Hof begegnet und von Petrus Grat in die Grundlagen katharischer Lehre eingewiesen wird (275 c). Geschützt werden die Perfekten durch Lombarda, Schloßherrin von Junac, und ihren Söhnen und Töchtern, die oft nachts den Weg zum Taubenhaus finden, ohne daß der Schloßherr etwas ahnt

(279 b). Ganze Besuchsgruppen suchen in den folgenden Jahren den Hof der Martinis auf, darunter viele Frauen: Lombarda de Junac mit ihren Kindern, ihre in Ax verheiratete Tochter Ramunda, die ein uneheliches Kind ihres Mannes mitbringt, sowie deren Dienerin Fina, eine uneheliche Tochter des Petrus Grat (279 b). Aus Tarascon gesellt sich Lorda Bayard zu dem Kreis, während ihr Mann, der Notar Guillelmus, im Schloß verkehrt (278 cd; 279 a). Auch andere Frauen des Städtchens will Bernardus gesichtet haben (277 d; 279 c). Frauen gehören so zu den eifrigsten Besucherinnen, oft standen sie in Liebesbeziehungen oder verwandtschaftliche Verbindungen zu männlichen Gläubigen, untereinander waren sie oft durch Arbeitsverhältnisse verknüpft. In ihrer Mitte müssen wir auch Ramunda und Blanca vermuten, obwohl Bernardus dies nur einmal erwähnt. Blanca war innig befreundet mit Mersendis Feriere, der Geliebten ihres Bruders Arnaldus, und übernahm die Patenschaft ihrer kleinen Tochter Guillelma (278 a). Die Freundin erinnert sich: „Sie war wirklich eine gute Frau, und sie hatte eine gute Patin in ihr."[333] Mit Mersende besuchten Blanca und Ramunda das Taubenhaus (282 d). Arnaldus Martini nämlich fühlt sich nicht nur für das Seelenheil seiner Geliebten verantwortlich, sondern auch für das seiner Familie, der Freunde und Freundinnen. Mutter Fabrissa und die kleine Bona Femina wurden vor ihrem Tode geweiht, und auch der schwer erkrankte Bernardus wurde mit dem *consolamentum* versehen. Daß er bei wachsender Genesung die Askese brach und sich von Blanca Fleisch zubereiten ließ, ließ seinen Bruder in schwere Vorwürfe ausbrechen (277 bc). Doch die reiche Familie Martini war vom Zerfall bedroht. Zunächst verließ Bernardus das Elternhaus, da er von Vater und Bruder schikaniert, nicht aber genügend entlohnt wurde. Er verdingte sich als Hirte (277 a). Nach seiner erwähnten schweren Krankheit kehrt er zu seinem Arbeitgeber nach Rabat zurück, beladen mit Arnaldus' Grüßen an Gläubige und Einladungen nach Junac. Viele der Geladenen findet Bernardus aber schwer krank, manche sind an einer Seuche verstorben (280 ab). Auch in der eigenen Familie sterben 1304 oder 1307 die

---

[333] Fournier, fol. 278 a.

Mutter und die kleine Schwester, konsolidiert von den Perfekten im Taubenhaus (277 d; A 44 r). 1305 erfährt Bernardus dann von seinem Arbeitgeber, daß „Arnaldus Böses zustoßen könne, weil er zum Häretiker gemacht worden sei, wo er doch ein netter, höflicher Mensch sei, und im Folgenden nicht wagen könne, an einem sicheren Ort zu bleiben und deswegen schon geflohen sei … Als er dies hörte, weinte der Zeuge."[334] Bernardus eilt in das väterliche Haus zurück und trifft Arnaldus und den ebenfalls geweihten Guillelmus in Aufbruchsstimmung vor (280 d). Auch Ramundas Leben ändert sich, denn Arnaldus hat für ihr weiteres Leben Vorsorge getroffen. In Tarascon lebt der Fischer Arnaldus Piquerii, der, ermutigt durch seine Frau Matheldis, oft Perfekte und auch Arnaldus Martini in seinem Haus empfangen hat und selbst auch einmal in Junac war (278 d; A 19 r). 1304/05 starb seine Frau. Um die Zuflucht der Perfekten zu sichern, heiratet er Ramunda. Er selbst berichtet darüber: „Als die Häretiker wußten, daß er eine zweite Frau habe, mit Namen Ramunda … kamen sie sofort in ihr vorgenanntes Versteck, und er ordnete an und sorgte dafür, daß seine Frau Ramunda sie empfing. Dies tat Ramunda sehr schnell, als Arnaldus ihr sagte, daß es Häretiker seien, die zu ihm kämen."[335] Über ihren Mann konnte Ramunda so ihrer, sicher bereits vorhandenen, Neigung für die Perfekten nachgehen. Sozial bedeutete diese Ehe für sie einen Abstieg: Piquerii gibt an, so arm gewesen zu sein, daß die Perfekten bei ihm für ihre Verpflegung selbst zahlen mußten (A 18 r).

Einen etwas anderen Weg ging Schwester Blanca, die zunächst im Vaterhaus verblieb und fortan der Gewalttätigkeit des Vaters allein ausgesetzt war. Als Bernardus 1305 seinen Vater besucht, erfährt er, daß Blanca geflohen sei. Bernardus vermutet die Schwester bei einer Verwandten in Arvignon, wird von dieser aber weitergewiesen: „Und er fand Blanca, seine Schwester, in einem Viertel, das sich in der Oberstadt von Castelnadaury befindet, bei einer Begine, deren Namen er nicht weiß, in einem Haus weilend. Der Zeuge sagte, daß der Vater sich Sorgen mache um sie, und daß

---

[334] Ibid., fol. 280 c.
[335] d'Ablis, fol. 19 r.

sie nach Junac zurückkehren solle. Darauf sagte sie, daß sie nicht zurückkehren wolle, da der Vater sie geschlagen habe."[336] Der inzwischen reuige Vater hatte dem Sohn drei große Silberturonen mitgegeben, aber Blanca will auch diese nicht annehmen, „weil sie sagte, sie habe genug."[337] Bei der „Begine" handelt es sich vermutlich um eine Franziskanertertiarin, mit der Blanca zusammenleben und arbeiten konnte. Dabei ist es egal, daß gerade die Franziskaner und ihre Anhängerinnen von den Katharern als leidige Konkurrenz geschmäht und verleumdet werden. Das Haus der Begine erfüllt dieselbe Funktion, wie sie früher die Konvente der Katharerinnen oder Häuser der Gläubigen hatten. Die geschlagene Frau nahm hier die Möglichkeit wahr, die sich ihr bot.

Doch die beiden Schwestern sind bald wieder vereint. 1308 wurden Häresieverdächtige vor das Inquisitionsgericht in Carcassonne geladen, auch Vater Martini, Guillelmus, Blanca und Ramunda. Auch Arnaldus Piquerii ist verhaftet worden. Ein halbes Jahr später erfährt Bernardus, daß Blanca und Ramunda nach dem Verhör geflohen sind. Im Exil sollte Blanca im geselligen Beisammensein der Gläubigen oft erzählen, wie sie den Inquisitor an der Nase herumgeführt habe *(deluserat):* Diesem „habe sie ein bißchen etwas über die Häresie erzählt und einen Eid geleistet. Der Inquisitor habe ihre Konfession gnädig angenommen und ihr leicht auf die Schulter geschlagen.[338] Da habe sie sein Schienbein umfaßt und ihn gebeten, Mitleid mit ihr zu haben. Darauf habe der Inquisitor geantwortet, sie solle keine Angst haben, sie habe nichts Böses getan, darauf habe er sie freigesprochen. Sie habe aber nicht die Hälfte von dem erzählt, was sie getan oder von anderen gewußt habe, denn, wie gesagt, hätte sie voll gestanden, wäre anderen großes Unheil zugestoßen."[339]

Bernardus trifft Ramunda noch einmal im Elternhaus an. Sie hat Grausiges zu berichten: „Die Schwester sagte ihm, daß ihr Vater tot sei. Und als der Zeuge sie fragte, wie er gestorben sei, ant-

[336] Ibid., fol. 280 d.
[337] Ibid., fol. 280 d.
[338] Ein symbolischer Akt, der die Schläge andeuten soll, die die „Sünderin" eigentlich „verdiente".
[339] Fournier, fol. 131 a.

wortete die Schwester, daß er erst umtriebig *(curatus)* gewesen sei und dann bald tot; sie selbst glaubte, daß er von den Leuten aus dem Schloß Junac erwürgt worden sei …, weil sie die Halsvenen des Vaters blau gefunden habe, gleich nachdem er starb. Sie selbst war nicht anwesend, als er starb, sondern fand ihn tot, und die Arterie oder Luftröhre unter dem Kinn hatte er beschädigt oder eingedrückt. Und sie selbst glaubte, wie gesagt, daß er von denen im Schloß erwürgt worden sei, damit er nicht anzeige, was sie mit dem Fall der Häresie zu tun hätten."[340] Die Verwandtschaft mit seinem geweihten Sohn hatte Petrus Martini nicht geholfen, der Schutz der Gläubigen kannte keine Familienbande. Ramunda und Blanca hielten sogar weiterhin Kontakt zu den Frauen von Junac. Ramunda hatte ihren Schmuck bei einer Nachbarin in Tarascon hinterlegt, Kleider hinterließ sie gegen ein Erkennungszeichen bei den Damen von Junac (128 c–129 a). Sclarmunda von Junac weinte heftig, als die Freundin sie verließ (274 b). Blanca deponierte ihre Habseligkeiten bei ihrer Freundin Mersende (277 d). Sie gibt an, ein reicher Gönner habe ihr zur Flucht verholfen, vielleicht einer der Schloßbewohner von Junac. Danach verliert sich zunächst die Spur der Schwestern. Wir müssen zunächst Bernardus, der wechselnde Gerüchte über ihren Aufenthaltsort hört, auf seiner vergeblichen Suche folgen. Er hört, daß Ramunda in Alayrac als Dienerin bei der Schwägerin eines Einwohners aus Tarascon weilt (278 a). Ein Nachbar vermutet sie darauf im Rousillon, von wo die Schwestern die Pyrenäen überqueren wollen. „Der Zeuge ging sie suchen, ging nach Collioure, Elne und Perpignan und ließ sie öffentlich ausrufen, ohne ein Lebenszeichen von ihnen zu finden … Er suchte auch in Opoul, Millas, Ille-sur-Tête und Villefranche de Conflent."[341] Der treue Bruder durchzog vergeblich das ganze Rousillon. Er erfährt, daß Arnaldus verhaftet und verbrannt wurde (281 c). In den folgenden Jahren führt er ein unstetes Wanderleben als Hirte und Arbeiter, oft wird er entlassen, wenn bekannt wird, aus welcher Familie er stammt. Auch die Schloßbewohnerinnen von Junac wollen ihn nicht unterstützen,

---

[340] Fournier, fol. 279 bc.
[341] Fournier, fol. 281 d.

eine Reise nach Katalonien ist ebenso vergeblich. 1324 wird er verhaftet und verhört. Er beendet sein Leben hinter Gefängnismauern.

Ramunda und Blanca indessen sind entkommen. Im Rousillon sammelten sich ihr Bruder Guillelmus und die ihnen bekannten Perfekten Guillelmus Belibasta, in Begleitung seines Bruders, und Philippus de Alayrac, die aus der Haft in Carcassonne geflohen waren. Gemeinsam überschritt die Gruppe die Pyrenäen und gelangte nach Torroela bei Gerona. Hier stießen Ramunda und Blanca zu ihnen. Ramunda führt ihre kleine Tochter Guillelma mit sich. Philippus beging den Fehler, nach Frankreich zurückzukehren und wurde verhaftet (268 a; 257 ab). Bruder Guillelmus muß bald an unbekanntem Ort verstorben sein. Ramunda und Blanca zogen mit Belibasta in Richtung Süden, wobei der Perfekte sich und seine Begleiterinnen durch die Anfertigung von Textilkämmen, als Saisonarbeiter im Weinberg und Traubenstampfer, dann als Hirte auf den spanischen Winterweiden zu ernähren suchte (153 b; 260 b; 268 a). Zunächst in Baga ansässig, wird er Hirte auf den Weiden von Flix und Tortosa. Bei den Schafen trifft er auch auf seinen alten Freund Petrus Maurini und Guillelmus Maurs. Seit 1311 begleitete die Flüchtenden zudem – ständig oder sporadisch? – der Perfekte Ramundus de Saint-Papoul. Ramundus war ein belesener Mensch, der seine Bücher mit nach Katalonien gerettet hatte (212 d; 215 a; 259 c), doch war der etwa Vierzigjährige ein schwächlicher *(delicatus)* Mann, „der nichts gelernt hatte und sein Brot nicht mit einem Handwerk zu verdienen wußte"[342], wie ein Zeuge, verwundert über solche Unfähigkeit, berichtet. Ramundus hatte ein gewisses Vermögen besessen, das er auf der Flucht einem Verwandten anvertraut und nie wiederbekommen hatte. So betrieb er einen nicht gerade einträglichen Kleinhandel mit Nadeln und Billigwaren (258 b). In Lérida traf die Gruppe auf andere Flüchtlinge: Sperta Cervelli und ihren Mann (213 bis b). Ein weiterer Aufenthaltsort ist in der Nähe von Prades gelegen. Hier ereignete sich auch ein Vorfall, der zur Trennung der drei führte. Blanca berichtet:

---

[342] Fournier, fol. 128 c.

„Als sie selbst, Ramunda und der Häretiker sich in der Stadt Prades aufhielten, betrat sie eines Tages die Kammer, in der sie schliefen, und sah den Häretiker mit gebeugten Knien im Bett stehen, als ob er Ramunda fleischlich erkennen wolle oder schon erkannt hätte. Als Blanca dies gesehen hatte, wie gesagt, rief er aus: ‚A na Malnada ‹ein Schimpfwort, daß auch der bischöfliche Übersetzer nur in der Ursprache wiedergeben konnte‹, du hast einen Akt der heiligen Kirche gestört.' Danach wären der Häretiker und Ramunda aus dem Bett aufgestanden, und daraus sei ein Streit entstanden ..., weil sie, Blanca, von da an die Tat des Häretikers nicht mehr schätzte."[343] Der „Häretiker" weiß eine andere Version dieses Vorfalls: „Diese Blanca war eine sehr streitsüchtige Frau, so daß sie sie bei Prades verlassen und sich von ihr zurückziehen mußten."[344] Blanca blieb, vielleicht als Hausmädchen, bei dem Notar Petrus Fontana zurück (263 d), während Belibasta und Ramunda nach Tortosa zogen. Seinen Fehltritt machte der Perfekte durch eine Wiederweihe, vollzogen durch den Perfekten Ramundus, gut (265 a). In Tortosa besaß Belibasta eine eigene Werkstatt für Textilkämme, die Hauptstraße Moncada, an der Ecke zu St. Johannes ist als Adresse bekannt (154 a; 258 d). Im Winter arbeitete Belibasta als Hirte auf den Weiden von Flix. Doch dieses Dasein mißfiel ihm. Er schlug seinem Gefährten und Freund Petrus Maurini vor, Schafe zu verkaufen und von dem Erlös und den Einkünften der Kammacherei zu leben. Ramunda solle beiden Männern den Haushalt führen. Auch könne man gemeinsam in die Lombardei ziehen (153 c). Als Maurini ablehnt, plant Belibasta eine geschäftliche Verbesserung: „Er wolle dort ‹in Tortosa‹ durch sein Handwerk, die Kammherstellung, Geld verdienen, doch scheine Tortosa kein lukrativer Ort für seine Kunst zu sein. Daher wolle er Tortosa den Rücken kehren und nach Morella oder in die Berge bei Prades ziehen."[345] 1313/14 zogen Ramunda und er nach Morella, auch aus dem Grunde, weil in der Nähe, in San Mateo, ebenfalls gläubige Exilanten auf den Perfek-

---

[343] Fournier, fol. 265 a.
[344] Fournier, fol. 264 a.
[345] Fournier, fol. 154 b.

ten warteten. Zunächst aber galt es, auch aus finanziellen Gründen, Ramundus de Saint-Papoul loszuwerden. Dieser berichtet selbst, „daß er mit Belibasta bei Morella gelebt hätte, und daß sie nicht gut miteinander ausgekommen seien wegen der Ausgaben, da, wie er sagte, Guillelmus sehr geizig sei und er selbst nicht soviel arbeiten könne wie Guillelmus."[346] Ramundus verließ beide und traf auf Gaya Fabri, eine ebenfalls aus Frankreich geflüchtete Frau. Doch Exil und die harte Hirtentätigkeit hatten ihn so erschöpft, daß er 1314 einsam in Granadela starb. Belibasta hatte ihm aus Furcht vor Entdeckung nicht beigestanden, und so wurde er auf katholischer Erde begraben (127 c; 128 c; 214 d; 248 c).

Ramunda und Belibasta lebten bis zu dessen Verhaftung in Morella, wobei Belibasta des öfteren mißgelaunt zu verstehen gab, daß er Ernährer der Familie sei: „Ich muß viel arbeiten, um den Lebensunterhalt für mich, Ramunda und ihre Tochter zu verdienen ... und Petrus Maurini, der ein reicher Mann ist, unterstützt mich nur mit Kleidung."[347] Dennoch profitiert er von Ramundas Anwesenheit. Sie führt nicht nur den Haushalt, sondern tarnt den Asketen nach außen. „Was hat es auf sich, daß er, der Frauen nicht anrührt, eine Frau in seinem Haus hat?" fragt ein Neuankömmling aus Frankreich und wird belehrt: „Die Frau ..., die mit dem Herrn lebte, bereite ihm Küche und Bett, und damit von den Nachbarn nicht vermutet würde, daß die Frau nicht seine Gattin sei, kaufe der Herr selbst an Feiertagen und Festen Fleisch ein und bringe es mit. Aber an anderen Tagen esse die Frau die Lebensmittel, die der Häretiker auch esse ... Wenn der Häretiker an einem Ort bleibe, schliefen sie in verschiedenen Betten und weit getrennt, der Häretiker und die Frau. Aber wenn sie auf Reisen seien, sagten sie beide gegenseitig, daß sie Eheleute seien und legten sich in ein Bett, aber angezogen, so daß einer den anderen nicht am nackten Fleisch berühre."[348] Petrus Maurini hat sie beim Kochen beobachtet: „Und Ramunda kochte das Fleisch in einem Topf, den sie niedrig über das Feuer hängte, und in einem anderen

---

[346] Fournier, fol. 259 c.
[347] Fournier, fol. 124 d.
[348] Fournier, fol. 122 b.

Topf von dem Meeraal für den Häretiker, den sie über das Feuer hängte, damit nicht etwas von dem Fleisch- in den Fischtopf komme."[349] Außer einer Fleischportion für sich allein, bei deren Verzehr sie allerdings am anderen Ende des Tisches sitzen mußte (124 c), hatte für Ramunda das Zusammensein religiös motivierte Vorzüge: Sie war ständig in der als „heilig" empfundenen Nähe des Perfekten, erhielt geweihtes Brot von ihm, sammelte sich Verdienste durch die Fürsorge für den „guten Christen" an und konnte im Krankheitsfall von ihm geweiht werden. Ramunda steht hier in einer breiten Tradition von Frauen, die, seit den Zeiten der alten Kirche[350], mit Männern asketisch zusammenlebten, und die von Anfang an von den Kirchenvätern bekämpft wurde. Dieses Zusammenleben wurde von den Wanderpredigern des 11. Jahrhunderts wieder aufgegriffen und praktiziert, während die katharischen Perfekten in der Blütezeit nur in gleichgeschlechtlichen Zweiergruppen missionierten.

Belibasta will seinen Freund Petrus Maurini, der durch den Zug auf die französischen Sommerweiden ständig in Gefahr steht, verhaftet zu werden, enger an sich binden. Daher schlägt er ihm eine Heirat mit Ramunda vor. Doch der Hirte will sein Wanderleben nicht gerne aufgeben und verweist auf Finanzschwierigkeiten. Über Belibastas Überredungsversuche und die letztendlich vollzogene Ehezeremonie haben wir bereits berichtet. „Danach aßen sie zu Abend und speisten zusammen, und der Häretiker segnete das Brot auf häretische Weise und gab es ihnen. Und in besagter Nacht schliefen der Zeuge und Ramunda miteinander", berichtet der Ehemann lapidar.[351] Nach außen sollen Belibasta und Ramunda weiterhin als Eheleute gelten (216 a; 263 ab; 272 c). Doch bereits am nächsten Tag ist der Friede gestört. Maurini „sah den Häretiker traurig und gedankenverloren, nicht lustig, wie er zu sein pflegte, und er fragte, was er habe, und er sagte: ‚Nichts Be-

---

[349] Ibid., fol. 263 c.

[350] Hans Achelis, Virgines subintroductae. Ein Beitrag zum siebten Kapitel des 1. Korintherbriefs. Leipzig 1902; Anne Jensen, Gottes selbstbewußte Töchter. Frauenemanzipation im Frühen Christentum? Freiburg/Basel/Wien 1992, pp. 70 ff.; 117–122.

[351] Fournier, fol. 263 c.

sonderes'. Nach dem Essen konnte der Häretiker nicht arbeiten, legte sich ins Bett und begab sich in die *Endura,* in der er drei Tage und Nächte verharrte."[352] Kurz darauf findet Maurini Ramunda und den Perfekten im Streit. „Sagt ihr anderen nicht, daß der Mund, der Macht hat zu segnen, nicht fluchen darf?" wirft diese ihm vor.[353] Als Maurini sich „weibisches Gezänk" im Haus verbittet, packt der Perfekte, als Mann tief gekränkt, wütend seine Sachen: „Ha, für weibisches Gezänk arbeite ich! Ich sehe wohl, daß ich hier nicht bleiben kann!"[354] Maurini überredet den Freund zum Bleiben, doch der ist unversöhnlich, er wendet sich an Ramunda: „Man könnte sagen, daß, wenn sie einmal solche Worte, wie sie sie ihm heute morgen gesagt habe, einem seiner Freunde gesagt hätte, den er so gerne hätte wie der Zeuge ihn, den Häretiker haben sollte, hätte er, der Häretiker selbst, sie übel behandelt, weil ein Mann nichts wert sei, der nicht Herr über seine Frau sei, und dennoch habt Ihr Petrus heute gesagt, daß ich weibische Launen hätte."[355] Ramundas Widerstand wertet er als Blasphemie. Sie sei sehr „hochmütig" *(superba),* und als sie ihn um Verzeihung bittet, antwortet er, Gott werde ihr verzeihen (263 d). Schließlich gesteht Belibasta dem Freund, daß er die Verheiratung bereue. Ebenso formlos, wie sie geschlossen wurde, wird die Ehe geschieden (263 d). „Und der Zeuge zog sich in hartem Winter von ihm zurück, so daß er beinahe im Gebirge erfroren wäre."[356]

Ein Jahr später bekommt Ramunda einen Sohn, und die Gemeinde in San Mateo, die die Ehe mißbilligt hat, ist sich darüber einig, daß nur Belibasta der Vater sein kann, der seinen Freund benutzt hat, um weiterhin als Asket zu gelten (264 c). Der Verehrung des Perfekten schadet dies nicht. Doch Maurinis Onkel warnt, „daß der Häretiker und Ramunda, die Frau des Zeugen, sich nicht besonders darüber freuten, wenn der Zeuge bei ihnen bliebe, weil der Häretiker fürchte, daß er, wenn er in Morella bliebe, mit Ramunda schliefe und, fügte er hinzu, wenn die bloß

---

[352] Fournier, fol. 263 c.
[353] Fournier, fol. 263 c.
[354] Fournier, fol. 263 c.
[355] Fournier, fol. 263 d.
[356] Fournier, fol. 265 a.

das Eure haben, kümmern sie sich nicht darum, euch zu sehen oder bei sich zu haben."[357]

Ramunda entschließt sich nun, in Morella einen festen Haushalt zu errichten. Sie bittet Arnaldus Sicredi, bei seiner Reise nach Foix in Junac Station zu machen, um von der Schloßherrin Sclarmunda und ihrem Bruder einen Kapuzenmantel, ein Kleid, Gürtel, Ring und Geldbörse zu erbitten, die sie bei der Flucht dort hinterlegt hat. Die Befragten sind dazu erst nach Aushändigung eines Erinnerungszeichens bereit und wollen Ramunda am liebsten selbst sehen (128 d; 129 a). Aus Tarascon soll der Reisende bei einer Nachbarin deponierten Schmuck, Lein- und Tischtücher holen (129 b; 274 b). Vor allem möchte Ramunda aber ihre Schwester Blanca wieder bei sich haben. Petrus Maurini fahndet auf seinen Reisen nach ihr, die im Haus eines Färbers aus der Heimat arbeiten soll, und findet sie im Haus einer unbekannten Frau in Prades. Als sie die Nachricht ihrer Schwester vernimmt, „wurde sie sehr freudig und lustig und weinte vor Freude und umarmte den Zeugen."[358] Aber Blanca hat noch Schulden, die sie in Casteldans als Erntehelferin abarbeiten will. Maurini begleitet sie dorthin und bringt sie im Haus eines Bekannten unter (264 b). Als er nach der Ernte dorthin zurückkehrt, hat sich Blanca in Begleitung zweier Frauen bereits auf den Weg gemacht und ist in Lérida im Haus der Sperta Cervelli untergekommen (265 a). Der Bekannte berichtet: „Sie habe sich mit einer anderen alten Frau, die aus der Heimat des Zeugen stamme verbunden *(associaverat)*, und sei nach Lérida gezogen, und dort lebten beide mit einem Mädchen, der Tochter der alten Frau, am Brückenkopf besagten Ortes."[359] Le Roy Ladurie vermutet hier die Bildung einer „Assoziation", wie sie als Bündnis unter Männern üblich war.[360] Vielleicht bedeutet das *associaverat* aber auch nur, daß Blanca sich Sperta anschloß, um nach der Ernte auf dem Weg geschützt zu sein. Doch wird deutlich, wie sich Frauen gegenseitig zu schützen und zu versor-

[357] Fournier, fol. 264 c.
[358] Fournier, fol. 264 b.
[359] Fournier, fol. 264.
[360] Ladurie, dt., p. 157.

gen suchten. Blancas Aufenthalt bei Sperta dauert nicht lange. Mit Maurini, dessen Geliebte sie wird (212 d), zieht sie weiter nach Beceit, wo beide bei Mersende unterkommen. Diese ist skeptisch, ob es Blanca bei ihrer Schwester lange aushält. „Wenn ihr nicht in Frieden mit dem „Herrn" und Ramunda leben könnt, kehrt zu mir zurück, und wir bleiben zusammen", bietet sie die Möglichkeit einer Wohngemeinschaft an.[361] Blanca wird in Morella freudig empfangen. Belibasta sorgt sich in erster Linie um ihr Seelenheil, „falls der Fall eintrete, könne er ihr an Leib und Seele helfen, da sich der Mensch dem Glauben, d. h. dem Häretiker, annähern müsse."[362] Doch über dem Zusammenleben der drei ziehen schwere Wolken auf. Ramunda leidet seit einiger Zeit an Herzschmerzen und läßt daher einen Magier befragen. Dieser sagt ihr sogar eine Epilepsie voraus (124 ac). Besonders drohend aber hängt die Möglichkeit des Verrats über Belibasta und den Gläubigen. Die Vorahnung trügt nicht. 1321 wird Belibasta wie berichtet verhaftet, und Petrus Maurini hilft den Schwestern, das Gut des Perfekten zu verkaufen. Blanca und Ramunda fliehen nach Valderrobnes, das weit von Morella entfernt liegt, und später nach Aragon (267 b). Nach zwei Winterweidezeiten sucht Maurini nach ihnen und findet sie in Caseras in Aragon. Er verkauft einige Schafe und übergibt den Erlös Ramunda für ihren Sohn. Ihren Lebensunterhalt verdienen die beiden Schwestern als Erntehelferinnen (267 d). Ramundus de Yssaura, ein Freund Belibastas und des öfteren zu Gast in Ramundas Haus, will sie schließlich aufsuchen. Zuletzt wurde Ramunda in Peñiscola gesehen, mit „jemandem ihrer Muttersprache" (284 b), dann verliert sie die Spur der beiden Schwestern.

Ramunda Martini hat nicht nur ein abenteuerliches, individuelles Schicksal, sondern reiht sich in eine „Institution" von Frauen ein, die Asketen „begleiteten". Anders als den Eremiten früherer Jahrhunderte diente die Begleitung durch eine Frau nicht als eine „Bußübung", sondern vor allem dem Schutz des Perfekten nach außen. Wie wir sahen, ändert die Begleitung nichts an der Rolle

---

[361] Fournier, fol. 265 b.
[362] Fournier, fol. 264 c.

der Frau: Ramunda „dient" dem Perfekten und macht ihm den Haushalt. Aktiver und eigenständiger scheint, bei vorsichtiger Interpretation der wenigen Angaben, ihre Schwester Blanca, deren Leben von Frauenbeziehungen geprägt ist. Da ist die Freundin, der sie sich durch Patenschaft für ihre Tochter und gemeinsame Besuche bei den Perfekten noch enger verbindet. Sie flieht vor häuslicher Gewalt in die Wohn- und Arbeitsgemeinschaft einer Begine. Im Exil kommt sie bei Sperta Cervelli unter, mit der sie sich „assoziiert", lebt bei ihrer Schwester, kann aber jederzeit bei Mersende Martini unterkommen. Neben der überlebenswichtigen Solidarität anderer Frauen ist bedeutsam, daß Blanca hart zu arbeiten und sich damit zu erhalten weiß: sei es als Magd oder als Erntehelferin. Erleichternd kommt sicher noch hinzu, daß Blanca keine Kinder zu versorgen hatte und so flexibler war als ihre Schwester. Auch Blancas Flucht ist letztlich eine gescheiterte, da die Drohung der Inquisition die Bedingungen ihres Lebens diktiert. Daß sie dieser aber entkommen ist und am Ende entflieht, ist auch das Verdienst weiblicher Solidarität untereinander.

6. Fazit

Das Schicksal der beiden Schwestern zwischen Anpassung, dem Versuch, sich eigene Lebensmöglichkeiten zu sichern, und weiblicher Solidarität mag als Fazit genügen. Die Katharer sind nach unseren Untersuchungen sicher nicht als „Frauenbewegung" zu bezeichnen, aber als eine religiöse Opposition, innerhalb derer Frauen sich ein befriedigendes (Über)leben zu sichern hofften. Nach der Verdrängung und Auslöschung des Katharismus durch Predigt, Kreuzzug und Inquisition ging der religiöse Aufbruch von Frauen weiter. Schon die mit den Katharern konkurrierenden Waldenser wiesen gleichberechtigte Predigerinnen in ihren Reihen auf.[363] Fast gleichzeitig mit dem Auftreten der Brüder Auterii wurde um 1260 bis 1300 in Mailand Guiglelma als Inkarnation

---

[363] Vgl. das „Liber contra Waldenses" des Bernhard von Fontcaude; Kap. 8, MPl 204 Sp. 825–828.

des Heiligen Geistes verehrt, der ausdrücklich durch den Körper einer Frau neu in die Welt kommen mußte, um die Erlösung zu vollenden. [364] Auch den „häretischen" Franziskanerspiritualen schlossen sich Frauen an: Ihnen gelang es schließlich, die Rolle einzunehmen, die vor ihnen die Katharer innehatten.

Die Katharer sind so eine von vielen religiösen Bewegungen, in deren Rahmen Frauen nach Glaubens- und Lebensmöglichkeiten suchten. Der Katharismus bot ihnen dazu den Rückzug aus der Welt an. Frauen, die hierzu nicht bereit waren, verstanden es unter Umständen, ihr Leben im Rahmen der Gläubigenfrömmigkeit einzurichten und zu gestalten, auch wenn die materiellen und rechtlichen Grundlagen zu wirklicher „Emanzipation" fehlten. Die Befreiung gelang ihnen hier kaum, wohl aber „kleine Fluchten".

---

[364] Luisa Muraro, Vilemina und Mayfreda. Die Geschichte einer feministischen Häresie. Freiburg 1987.

148

Literatur

1. Quellen

L'Inquisiteur Geoffroy *d'Ablis* et les cathares du comté de Foix (1308–1309). Annette Pales-Gobillard. Paris 1984.

Augustinus, Aurelius, De Civitate Dei, CS Bd. 47–48.

Bernhard von Fontcaude, Liber contra Waldenses, MPl 204.

Denzinger, Heinrich, Enchiridion symbolorum definitionum et declarationum de rebus fidei et morum. Kompendium der Glaubensbekenntnisse und kirchlichen Lehrentscheidungen. Bearbeitet von Peter Hünermann. Freiburg/Basel/Rom/Wien 1991 [37].

Everwin von Steinfelden, Brief an Bernhard von Clairvaux, MPL 182.

Fournier, Jacques, Le Régistre de l'Inquisition. Ed. Jean Duvernoy. 3 Vol. Toulouse 1965.

dass., Corrections. Toulouse 1972.

dass., Trd., Jean Duvernoy. Paris 1978.

Gui, Bernard, Manuel de L'Inquisiteur. Ed. G. Mollat. Tome I. Paris 1926.

Hennecke, Edgar / *Schneemelcher*, Wilhelm, Neutestamentliche Apokryphen in deutscher Übersetzung. Band 1. Evangelien. Tübingen 1959 [4].

Hieronymus, Eusebius, Adversus Jovianum libri duo. MPL 23.

ders., Apologia adversos libros Rufini, MPL 23.

ders., Commentarius in Epistolam ad Ephesios. MPL 26.

Ketsch, Peter, Frauen im Mittelalter. Ed. Annette Kuhn. Bd. 1 Frauenarbeit im Mittelalter. Materialien und Quellen. Düsseldorf 1983.

ders., Bd. 2. Frauenbild und Frauenrechte in Kirche und Gesellschaft. Quellen und Materialien. Düsseldorf 1984.

Ketzer und Ketzerbekämpfung im Hochmittelalter. Ed. James Fearns. Göttingen 1968.

Limborch, Philipp, Historia Inquisitionis. Amsterdam 1692.

Moneta von Cremona: Venerabilis Patris Monetae Cremonensis Ordinis Praedicatorum S. P. Dominici aequaleis adversos Catharos et Valdenses libri quinque. Ed. Th. Ricchini. Rom 1743.

Vita B Bernarsi Tironiensis, MPL 172.

Wasserschleben, F. W. H., ed., Die Bußordnungen der abendländischen Kirche. Graz o. J. (Repr. von 1851).

2. Methodik

Bock, Gisela, Geschichte, Frauengeschichte, Geschlechtergeschichte. In: Geschichte und Gesellschaft 14 (1988).

Davies, Natalie Zemon, Gesellschaft und Geschlechter. Vorschläge für eine neue Frauengeschichte. In: Dies., Frauen und Gesellschaft am Beginn der Neuzeit, pp. 117–132.

Friese, Marianne, Art. „Frauengeschichte/Geschlechtergeschichte". In: Europäische Enzyklopädie zu Philosophie und Wissenschaften. Ed. Hans Jörg Sandkühler. Bd. 2. Hamburg 1990, pp. 147–152.

Grundmann, Herbert, Ketzerverhöre des Spätmittelalters als quellenkritisches Problem. In: Ausgewählte Aufsätze 1. Religiöse Bewegungen. Stuttgart 1976, pp. 364–416.

Krausch, Christiane, Art. „ Gewalt gegen Frauen". In: Europäische Enzyklopädie zu Philosophie und Wissenschaften. Ed. Hans Jörg Sandkühler. Bd. 2. Hamburg 1990, Sp. 447–454.

Schulte, Regina, Bevor das Gerede zum Tratsch wird. In: Karin Hausen / Heide Wunder, Frauengeschichte, Geschlechtergeschichte. Frankfurt/New York 1992, pp. 67–73.

Süßmuth, Hans, Historische Anthropologie. Göttingen 1984.

3. Sekundärliteratur zu den Katharern

Abels, Richard / *Harrison*, Ellen, The Participation of Women in Languedocian Catharism. MS 41 (1979), pp. 215–251.

Baier, Lothar, Die große Ketzerei. Verfolgung und Ausrottung der Katharer durch Kirche und Wissenschaft. Berlin 1984.

Barber, M. C., Women and Catharism. Reading Medieval Studies 3 (1977), pp. 45–62.

Benad, Matthias, Der ketzerische Pfarrer von Montaillou. Religiosität und Weltverhältnis eines Anhängers der Katharer. In: Forschung Frankfurt 2/3 (1987), pp. 2–8.

ders., Domus und Religion in Montaillou: Katholische Kirche und Katharismus im Überlebenskampf der Familie des Pfarrers Petrus Clerici am Anfang des 14. Jahrhunderts. Tübingen 1990.

Borst, Arno, Die Katharer. Freiburg/München/Wien 1990.

Brenon, Anne, Les femmes cathares. Paris 1992.

Davies, Natalie Zemon, Les Conteurs de Montaillou. Annales 34.1. (1979), pp. 61–73.

Dupré-Theseider, Eugéne, Le catharisme languedocien et l' Italie. In: Cathares en Languedoc. Cahiers de Fanjeaux 3. Toulouse/Fanjeaux 1968, pp. 299–316.

Duvernoy, Jean, L'acception: „haereticus" (iretge) = „parfait cathare" en Languedoc au XIIIe siècle. In: The Concept of Heresy in the Middle Ages (11th–13th C.) Proceedings of the international conference Louvain May 13–16,

1973. Ed. W. Lourdaux / P. Verhelst. Leuven/The Hague 1976, pp. 198–210.

ders., La Réligion des Cathares. Le Catharisme. Paris 1988.

Gougard, Henri, Die Verwandlungen des Bélibaste. Roman. Bad Münstereifel/Trilla 1988.

Griffe, Élie, Le Languedoc Cathare et l'Inquisition (1229–1329). Paris 1980.

Koch, Gottfried, Frauenfrage und Ketzertum im Mittelalter. Berlin/O 1962.

Le Roy Ladurie, Emanuel, La Domus à Montaillou et en Haute-Ariège. Préface zu Duvernoy, Fournier, pp. VII–XXX.

ders., Montaillou. Ein Dorf vor dem Inquisitor 1294–1324 Ffm./Berlin 1980 (frz.: Montaillou. Village occitan 1294 à 1324. Paris 1975).

McLaughlin, Eleanor, Die Frau in der mittelalterlichen Häresie. Concilium 12 (1976), pp. 34–44.

Müller, Daniela, Albigenser – Die wahre Kirche? Diss. theol. Würzburg 1986; *dies.*, Art. „Katharer". TRE 18, pp. 21–50.

Nelli, René, La vie quotidienne des cathares languedociens au XIIIe siècle. Paris 1969. *Roach*, Andrew, The Cathar Economy. Reading Medieval Studies XII (1986), pp. 51–71.

Rottenwöhrer, Gerhard, Der Katharismus. 4 Bde. Bad Honnef 1982.

Segl, Peter, Die religiöse Frauenbewegung in Südfrankreich im 12. und 13. Jahrhundert zwischen Häresie und Orthodoxie. In: Religiöse Frauenbewegung und mystische Frömmigkeit im Mittelalter. Ed. Peter Dinzelbacher / Dieter R. Bauer. Wien 1988, pp. 99–116.

Stoodt, Hans Christoph, Petrus Auterii. Leben und Lehre eines Katharischen Perfectus in Südfrankreich zu Beginn des 14. Jahrhunderts 1300–1310. Diss. theol. Frankfurt 1988 (masch.)

Vidal, J. M., Doctrine et morale des derniers ministres albigeois. Revue des Questions historiques 1909, Nr. 85, pp. 357–409; Nr. 86, pp. 5–48.

ders., Les derniers ministres de l'albigéisme en Languedoc, leur doctrine. Revue des Questions historiques Paris 1960, pp. 57–107.

Weinmann, Ute, Mittelalterliche Frauenbewegungen. Pfaffenweiler 1990, p. 114.

4. Sekundärliteratur zu Mittelalter und Frauen

Achelis, Hans, Virgines subintroductae. Ein Beitrag zum siebten Kapitel des 1. Korintherbriefs. Leipzig 1902.

Le Blevec, Daniel, Le ròle des femmes dans l' assistance et la charité. In: La femme dans la vie religieuse du Languedoc (XIIIe–XIV^{e}siècle). Cahiers de Fanjeaux 23. Toulouse/Fanjeaux 1988, pp. 171–192.

Blixer, Peter, The Common Woman in the Western Church in the Thirteenth and Early Fourteenth Centuries. In: W. J. Steils / Diana Wood, ed., Women in the Church. Papers Read at the 1989 Summer Meeting and the 1990 Winter Meeting of the Ecclesiastical History Society. Oxford 1990, pp. 127–157.

Browe, Peter, Die häufige Kommunion im Mittelalter. Münster 1940.

ders., Die Pflichtkommunion im Mittelalter. Münster 1940.

Bynum, C. W., Holy feast and holy fast. The religious significance of food to medieval women. Berkeley/London/Los Angeles 1987.

Dinzelbacher, Peter, Rollenverweigerung, religiöser Aufbruch und mystisches Erleben mittelalterlicher Frauen. In: Religiöse Frauenbewegung und mystische Frömmigkeit im Mittelalter. Ed. Peter Dinzelbacher / Dieter R. Bauer. Wien 1988, pp. 99–116.

Duby, Georges, Le mariage dans la société du haut Moyen Age. In: Ders., Mâle Moyen Age, de l' amour et autres essais. Paris 1988, pp. 11–33.

ders., Que sait-on de l'amour en France au XIIe siècle? In: ders., Mâle ..., pp. 34–49.

ders., Ritter, Frau und Priester. Die Ehe im feudalen Frankreich. Ffm. 1985.

Duvernoy, Jean, Les béguins au pays de Foix. In: Pyrénées ariégeoises. Ed. Société ariégeoise des sciences, lettres et art. Foix 1983, pp. 93–100.

Ennen, Edith, Frauen im Mittelalter. München 1987.[3]

Elm, Kaspar, Die Stellung der Frau in Ordenswesen, Semireligiosentum und Häresie zur Zeit der heiligen Elisabeth. In: Sankt Elisabeth. Fürstin, Dienerin, Heilige. Aufsätze, Dokumentation, Katalog. Ed. Philipps-Universität Marburg in Verbindung mit dem Hessischen Landesamt für geschichtliche Landeskunde. Sigmaringen 1981, pp. 7–28.

Flandrin, Jean-Louis, Contraception, marriage et relations amoureuses dans l' Occident chrétien. Annales 24 (1969), pp. 1370–1390.

Grundmann, Herbert, Ketzergeschichte des Mittelalters. *Die Kirche in ihrer Geschichte.* Ein Handbuch. Begr. von Kurt Dietrich Schmidt / Ernst Wolf; ed. Bernd Moeller. Band 2, Lieferung G 1. Göttingen 1963.

ders., Religiöse Bewegungen im Mittelalter. Darmstadt 1970[3].

Heers, Jacques, Von Mummenschanz und Machttheater. Europäische Festkultur im Mittelalter. Ffm. 1986.

Hungerkünstler, Fastenwunder, Magersucht. Eine Kulturgeschichte der Eßstörungen. Von Walter Vandereycken, Ron van Deth und Rolf Meermann. München 1990.

Lea, Charles E., Geschichte der Inquisition im Mittelalter. 3 Bde. Bonn 1905–1913.

Longere, Jean, La femme dans la théologie pastorale. In: Cahiers de Fanjeaux 23. Toulouse/Fanjeaux 1988, pp. 127–152.

Mestre, Manuel Milián, ed. Tot Morella. Barcelona 1991.

Mollat, Michel, Die Armen im Mittelalter. München 1984.

Muraro, Luisa, Vilemina und Mayfreda. Die Geschichte einer feministischen Häresie. Freiburg 1987.

Jensen, Anne, Gottes selbstbewußte Töchter. Frauenemanzipation im Frühen Christentum? Freiburg/Basel/Wien 1992.

Opitz, Claudia, Frauenalltag im Mittelalter. Biographien des 13. und 14. Jahrhunderts. Weinheim 1991(3).

Pernoud, Régine, Leben der Frauen im Hochmittelalter. Pfaffenweiler 1991.

Schreiner, Klaus, „Si homo non pecasset ..." Der Sündenfall Adams und Evas in seiner Bedeutung für die soziale, seelische und körperliche Verfaßtheit des Menschen. In: Gepeinigt, begehrt, vergessen. Symbolik und Sozialbezug des Körpers im späten Mittelalter und der frühen Neuzeit. Ed. Klaus Schreiner / Norbert Schnitzler. München 1992, pp. 41–84.

Schröter, Michael, „Wenn zwei zusammenkommen in rechter Ehe …" Sozio- und psychogenetische Studien über Eheschließungsvorgänge vom 12. bis 13. Jahrhundert. Ffm. 1985.

Shahar, Shulamith, Die Frau im Mittelalter. Ffm. 1983.

Tellenbach, Gerd, Die westliche Kirche vom 10. bis zum frühen 12. Jahrhundert. *Die Kirche in ihrer Geschichte*. Ein Handbuch. Begr. von Kurt Dietrich Schmidt / Ernst Wolf; ed. Bernd Moeller. Band 2, Lieferung F 1. Göttingen 1988.

Verdon, Jean, La vie quotidienne de la femme en France au bas moyen âge. In: Frau und spätmittelalterlicher Alltag. Internationaler Kongreß Krems an der Donau 2.–8. Oktober 1984. Wien 1986, pp. 325–386.

Walter, Johannes von, Die ersten Wanderprediger Frankreichs. Studien zur Geschichte des Mönchtums. NF. Leipzig 1906.

Werner, Ernst / *Erbstößer*, Martin, Ketzer und Heilige: das religiöse Leben im Hochmittelalter. Graz/Köln 1986.

Auf den Spuren der Katharer

Arno Borst
Die Katharer
Mit einem Nachwort von
Alexander Patschovsky
Band 4025

Die Katharer wurden als Ketzer verflucht, verfolgt und verbrannt.
Arno Borst zeigt, wer diese radikalen Anhänger einer alternativen
religiösen Bewegung wirklich waren.

„Bislang ohne Konkurrenz: die kristalline Darstellung einer
verschlungenen Geschichte. Dem Buch liegen umfangreiche
Studien und eine durchdachte Konzeption zugrunde, zudem ist es
ungewöhnlich gut geschrieben. Knappe, muntere Kommentare
erschließen eine Unmenge von Quellen.
Wen das Mittelalter interessiert, aber auch jeder, der wissen will,
wie Europa geworden ist, wird das Buch mit Vergnügen lesen.
Was die Katharer angeht, steht fest: Ohne Borst geht es nicht!"
(Frankfurter Allgemeine Zeitung).

HERDER / SPEKTRUM

Frauenleben damals und heute

Erika Uitz
Die Frau in der mittelalterlichen Stadt
Band 4081
Stadtluft macht frei – Frauen als die treibenden Kräfte bei der
Emanzipation des Bürgertums von der feudalen Herrschaft.

Barbara Krause
Camille Claudel – Ein Leben in Stein
Roman
Band 4111
Sie war ein Genie und zerbrach an der Ignoranz ihrer Zeit.
Die mitreißende Geschichte eines Lebens gegen jede Konvention.

Ursula Salentin
Ich bleibe Rita Süssmuth
Eine Biographie
Band 4162
Das packende Portrait einer profilierten Politikerin, die sich mit
Zivilcourage, Kompetenz und Fairneß für ihre Ziele einsetzt.

Ruth Salama
Tausendundeine Station
Ein Frauenleben zwischen Berlin und Kairo
Band 4190
Eine starke, faszinierende Frau findet ihren eigenen Weg: Die Liebe zu
einem Ägypter läßt sie ausbrechen in eine fremde Kultur.

Helena Norberg-Hodge
Leben in Ladakh
Mit einem Vorwort des Dalai Lama
Band 4204
Mehr als ein Reisebericht. – Die Erfahrungen einer Frau, die im Grenzland
Tibets eine alte Kultur neu entdeckt und für dieses Engagement den
alternativen Nobelpreis erhalten hat.

HERDER ╱ SPEKTRUM

Die Faszination von Kultur und Geschichte

Gerd Heinz-Mohr
Lexikon der Symbole
Bilder und Zeichen der christlichen Kunst
Band 4008
„Ein Nachschlagewerk, das auch zum Lesen verlockt"
(Süddeutsche Zeitung).

Malcolm Lambert
Ketzerei im Mittelalter
Eine Geschichte von Gewalt und Scheitern
Band 4047
Die packende Schilderung eines verwickelten Kapitels Geschichte. Eine
exzellente Orientierung.

Carl Friedrich von Weizsäcker
Die Sterne sind glühende Gaskugeln und Gott ist gegenwärtig
Über Religion und Naturwissenschaft
Band 4077
Ein Buch, das mit uralten Mißverständnissen aufräumt und einen
radikalen Bewußtseinswandel fordert.

Gustav Faber
Auf den Spuren des Paulus
Eine Reise durch den Mittelmeerraum
Band 4099
Ein kulturgeschichtliches Reisebuch der ganz besonderen Art: persönlicher
kann man Paulus und seine Welt nicht kennenlernen.

Jacques Gélis
Das Geheimnis der Geburt
Rituale, Volksglaube, Überlieferung
Band 4103
Ein aufschlußreiches Kapitel Kulturgeschichte: Der Mensch ist schon vor
der Geburt ein Kind seiner Zeit.

HERDER / SPEKTRUM

Li Zehou
Der Weg des Schönen
Geschichte der chinesischen Kultur und Ästhetik
Herausgegeben von Karlheinz Pohl und Gudrun Wacker
Band 4114

Li Zehou, Dissident und „einer der bedeutendsten chinesischen Denker der
Gegenwart" (Süddeutsche Zeitung), läßt Kunst und Literatur des Reichs der
Mitte zum Erlebnis werden.

Hildegard von Bingen
Scivias – Wisse die Wege
Eine Schau von Gott und Mensch in Schöpfung und Zeit
Band 4115

Das Hauptwerk Hildegards: die faszinierenden, überraschend aktuellen
Visionen einer der modernsten Frauen des Mittelalters.

Thomas Görnitz
Carl Friedrich von Weizsäcker
Ein Denker an der Schwelle zum neuen Jahrtausend
Band 4125

Die fesselnd geschriebene Hommage an einen eindrucksvollen Menschen
und prophetischen Kritiker unserer Zeit.

Ludwig van Beethoven
Briefe über Kunst, Liebe und Freundschaft
Herausgegeben und kommentiert von V. Karbusicky
Band 4127

Briefe eines sensiblen Menschen, aber auch eines Genies und Giganten
unter den Künstlern. Mit zahlreichen Abbildungen.

Hartmut Stegemann
Die Essener, Qumran, Johannes der Täufer und Jesus
Ein Sachbuch
Band 4128

Das Geheimnis der Höhlen von Qumran und einer der einflußreichsten
religiösen Vereinigungen zur Zeit Jesu.

HERDER / SPEKTRUM

Erwin K. und Ute Scheuch
USA – ein maroder Gigant?
Amerika besser verstehen
Band 4135

Das Panorama eines einzigartigen, widersprüchlichen Kontinents:
„Die Ausgangsbasis für heutige Amerikaentdecker" (Neue Zeit).

Hanspeter Hasenfratz
Die religiöse Welt der Germanen
Ritual, Magie, Kult, Mythus
Band 4145

Zurück zu den Ursprüngen unserer Geschichte: plastische, spannende
Informationen über eine Welt voller Zauber und Magie.

Alois Halder/Max Müller
Philosophisches Wörterbuch
Erweiterte Neuausgabe
Band 4151

Die aktualisierte Neuausgabe eines konkurrenzlosen Kompendiums: klar
gegliedert, kompakt und auf das Wesentliche konzentriert.

Johannes Hirschberger
Kleine Philosophiegeschichte
Band 4168

Der Klassiker: eine prägnante Darstellung der Philosophie von der Antike
bis zur Gegenwart. Umfassend, fesselnd, höchst informativ.

Mircea Eliade
Schmiede und Alchemisten
Mythos und Magie der Machbarkeit
Band 4175

Verblüffende Zusammenhänge zwischen der Arbeit der Schmiede, dem
Werk der Zauberpriester und der Krise der modernen Welt.

HERDER / SPEKTRUM

Hans Sedlmayr
Die Entstehung der Kathedrale
Band 4181

„Ein Buch von gleicher materialer Weite und gleicher Tiefe wird nicht
wieder geschrieben werden können" (Das Münster). Mit zahlreichen
schwarzweißen Abbildungen.

Herder-Lexikon Symbole
Band 4187

Symbole von der Steinzeit bis zur Gegenwart, aus verschiedensten Völkern
und Kulturkreisen. Ein Schlüssel zur Botschaft der Bilder.

Amedeo Molnár
Die Waldenser
Geschichte und Ausmaß einer europäischen Ketzerbewegung
Band 4233

Spannende Lektüre und umfassende Information für alle Freunde
mittelalterlicher Geschichte.

Herder Lexikon Germanische und keltische Mythologie
Mit rund 1400 Stichwörtern sowie über 90 Abbildungen und
Tabellen
Band 4250

Das Standardwerk. Unverzichtbar zur Orientierung am Götterhimmel. Mit
Artikeln zur Dichtung und sorgfältig ausgewählten Illustrationen.

Waltraud Woeller/Matthias Woeller
Es war einmal ...
Illustrierte Geschichte des Märchens
Band 4267

Alles, was man vom Märchen wissen muß: Wesen und Geschichte,
Archetypen und kulturelle Besonderheiten. Der Grundstock für jede
Märchensammlung.

HERDER / SPEKTRUM